AF493061

Alejandro Gómez

La patria americana de José del Valle

Alejandro Gómez

La patria americana de José del Valle

Prólogo de Carlos Sabino

Episteme
Editorial

Clasificación:
900 – Historia
    920 – Biografía, genealogía e insignias
Autor: Gómez, Alejandro
Prólogo: Sabino, Carlos
Título: La patria americana de José del Valle
Ed.: Guatemala: Editorial Episteme, 2015
Descripción: 140 p.; 14x21 cm.
ISBN: 978-9929677128
Temas: Historia de Centroamérica, José del Valle

Diseño y diagramación: Luis Alejandro Ramos
Diseño de la portada: Julián González Gómez

ISBN: 978-9929677128

Impreso en los Estados Unidos de América

ÍNDICE:

Prólogo

Alejandro Gómez se ha especializado en un tema poco tratado por la historiografía de nuestro continente: la vida y la obra de José Cecilio del Valle. Y el autor de este libro nos promete, afortunadamente, seguir en el empeño, pues nos dice en las páginas finales de la obra: "Rescatar la figura de José del Valle es una tarea que debería seguir desarrollándose en las décadas por venir". Debemos reconocer el mérito de este esfuerzo que, en este caso, ilumina aspectos importantes de la época de la independencia, un tema en verdad inagotable.

El libro que el lector tienen en sus manos es un trabajo sólido, exhaustivo, que recurre a fuentes primarias y trata con detalle dos problemas de singular importancia, el del panamericanismo y el que se refiere a la construcción de un canal interoceánico. Alejandro Gómez los analiza con detalle y maestría, haciendo un recorrido sugerente sobre las ideas que el *sabio* Valle expuso en su momento sobre esos decisivos temas.

La independencia de lo que hoy son los países de América Latina no se gestó lenta y acumulativamente durante décadas, como en el norte del continente, sino que se presentó como un apremiante problema a resolver a partir de los sucesos que, en 1808, llevaron a la invasión napoleónica de la península ibérica. Dichos acontecimientos, que hemos tratado desde otro ángulo en una obra reciente[1], desataron no solo una época de cambios que llevó a la independencia de casi todos nuestros países, sino que animaron complejas polémicas que se referían al destino mismo de las

---

[1] V. Sabino, Carlos, *El Amanecer de la Libertad, la independencia de América Latina*, Madrid: 2010, ed. Unión/Universidad Francisco Marroquín.

tierras que se iban independizando. La transición obligaba a definir el ritmo y la profundidad de la ruptura con el pasado colonial, el régimen político de las nuevas naciones y, aún más, su existencia misma, su extensión y su delimitación como estados independientes.

Valle vivió a plenitud esta época: era un miembro prominente de ese reducido grupo de intelectuales que, en nuestra América, atravesó ese turbulento período de transición aportando ideas y propuestas y participando en la difícil vida política de naciones que todavía estaban en formación. Juzgado como liberal, o más frecuentemente como conservador, fue en realidad un moderado que fue ajustando sus ideas a medida que, desde el exterior, llegaban las noticias de un mundo cambiante.

Suele atribuirse demasiada importancia a la influencia de la Revolución Francesa en los procesos independentistas de América Latina, pero el éxito de las 13 colonias norteamericanas al fundar los Estados Unidos de América resultó, en realidad, el verdadero paradigma al que aspiraron a seguir muchos hombres de nuestra independencia. Los excesos jacobinos, por el contrario, impulsaron a Valle y a muchos otros hacia una actitud de moderación, temerosos de que pudieran repetirse en nuestras tierras aquellos insólitos desmanes. La emergencia de posteriores caudillos, de asonadas, golpes y revoluciones sangrientas, mostró que estos temores eran por completo justificados.

Pero Valle, creemos, era en el fondo un auténtico liberal. Más allá de su cautela y de su colaboración con las autoridades peninsulares, se manifestó decididamente a favor del libre comercio -siguiendo las ideas de Adam Smith- y de la igualdad de todos ante la ley. Ya no era deseable ni posible mantener en las nuevas naciones las divisiones estamentales y raciales que eran parte sustancial del mundo colonial. Alejandro Gómez transcribe, en este libro, páginas que evidencian la postura del *sabio* ante tan cruciales problemas.

América Latina afrontó, desde su nacimiento, una singular paradoja: era, culturalmente, una sola nación, pero las distancias, la falta de comunicación y el orden político existente impedían que se consumara su unificación. Su lengua, su religión y su pasado imponían la unidad, pero la unidad era imposible en tan vastos y desconectados territorios. Solo algún tipo de confederación, flexible pero capaz de actuar con eficacia, podría haber superado este dilema. Así lo percibió Valle casi desde el momento mismo de la independencia, como lo hizo también Bolívar y como se trató infructuosamente de concretar con la reunión del Congreso Anfictiónico de Panamá. El libro de Gómez nos aporta al respecto muy interesantes datos sobre el debate que se desarrolló al respecto en la tercera década del siglo XIX.

El último tema que se aborda en este texto es el que se refiere a la posibilidad de construir un canal interoceánico, al que la geografía y las realidades políticas de la época situaban sin duda en el istmo centroamericano. Ya desde la época de la conquista se acarició la idea, a la que se opuso con pobres razones Felipe II, demorando por siglos una empresa que hubiese dado enorme ímpetu al dominio español. Poco después de la independencia centroamericana se hicieron algunas propuestas que reavivaron el interés por el proyecto, que en ese entonces se ubicaba en Nicaragua. Claras y contundentes son las razones que da Valle para favorecer la construcción de dicho canal, al que vincula con un aumento del comercio que traería beneficios importantes para todas las naciones del mundo. Pero también es útil repasar las objeciones que plantea a la construcción inmediata del mismo, y que indican su profundo conocimiento del contexto en que le tocó desenvolverse a la joven República Federal del Centro de América.

En suma, y para concluir, me alegra y enorgullece presentar a los lectores un libro que seguramente aportará conocimientos nuevos sobre estos dos temas. Son problemas de singular relevancia que permiten entender cabalmente las complejidades de una época de constantes cambios y que despertaron, en su momento, ricos y animados debates que vale la pena conocer.

Dr. Carlos Sabino
Guatemala, 2013

Nota preliminar

La idea de este libro surgió luego de mi participación en un coloquio de Liberty Fund organizado en la ciudad de Guatemala entre los días 15 y 18 de noviembre de 2012. Gracias a la generosa invitación que me cursara Lucy Martínez-Mont, Directora del Programa en Guatemala, tuve la oportunidad de participar del coloquio "El Canal de Panamá y la Política de los Estados Unidos en América Central". El debate giró en torno a la convocatoria del Congreso de Panamá hecha por Simón Bolívar en la década de 1820, para luego hacer hincapié en los antecedentes y construcción del Canal de Panamá. Me llamó la atención que en las lecturas escogidas para analizar dichos temas no hubiera una sola mención a los textos escritos por José Cecilio del Valle sobre estas cuestiones; más si se tiene en cuenta que el coloquio se llevó a cabo en Guatemala, siendo que Valle fue uno de los padres fundadores de las repúblicas centroamericanas. Así las cosas, estimé conveniente escribir este trabajo en el que se resaltarán cuáles son las ideas de Valle sobre los temas que se han tratado en dicho coloquio.

Introducción

El objetivo de este trabajo es volver sobre la figura de José del Valle y centrarnos en su aporte como pensador ilustrado en el momento de la formación de las naciones que surgían en Hispanoamérica al momento de la desintegración del imperio colonial español. En este escrito haremos hincapié en la posición que asumió Valle con respecto a su visión americanista y a la posibilidad de organizar una unión de estados americanos independientes pero que, al mismo tiempo, pudieran colaborar entre ellos para lograr el progreso tan anhelado por los padres fundadores de las repúblicas hispanoamericanas. En este trabajo también se analizará cuál fue su posición con respecto a la construcción de un canal interoceánico el cual otorgaría un lugar geoestratégico de privilegio a Centroamérica y que además facilitaría la comunicación y el comercio entre las distintas regiones del continente.

La importancia de este estudio radica en la *invisibilidad* del pensamiento de Valle en las obras que en los últimos años han dedicado distintos latinoamericanistas a tratar los temas que se analizan en este libro. Por lo general, las historias generales sobre Hispanoamérica dedican muy poco de su contenido (en algunas ocasiones nada) a resaltar los hechos que han tenido lugar en la región centroamericana, salvo que lo hagan en referencia a sucesos acaecidos en el territorio novohispano o luego de la independencia mexicana. Lo mismo ocurre en los textos que se dedican a analizar la evolución de los patriotas ilustrados de Hispanoamérica que casi no mencionan la figura de Valle ni de ningún otro contemporáneo suyo de la región. Por el contrario, estas obras si mencionan a otros patriotas ilustrados que han tenido una trayectoria política e intelectual muy similar a la de José del Valle como ser los casos de Juan de Egaña, Mariano Moreno, José María Luis Mora, José Bonifacio de Andrada e Silva, José Joaquín Fernández de Lizardi, Carlos María Bustamante, Antonio Nariño, Vicente Rocafuerte, Ignacio Núñez, Juan y Florencio Varela, Francisco Javier Clavijero, Juan Molina, Juan Pablo Viscardo y Guzmán, Fray Servando Teresa de Mier, Andrés Bello, Simón Rodríguez, Bernardo Monteagudo, Vicente Pazos "Kanki", Dámaso de Larrañaga y Francisco de Paula Santander, entre otros.

Por lo general, la figura de Valle, fuera del ámbito centroamericano, ha quedado eclipsada por la de los políticos e intelectuales arriba mencionados. En este sentido dos figuras excluyentes relacionadas con los temas que trataremos en esta obra son las de James Monroe y Simón Bolívar, quienes con su activa participación en la política internacional de América acapararon la atención de todo el mundo con sus célebres "Doctrina Monroe" y "Congreso Continental de Panamá". Quizás sea oportuno preguntarse, en este momento, a qué se debe este olvido sobre los escritos y propuestas que ha realizado José del Valle sobre los temas que ocupan la atención en este trabajo. Por qué motivo o razón, sus escritos han sido ignorados en las obras que versan sobre los intelectuales hispanoamericanos de la primera mitad del siglo XIX que han realizado aportes a la construcción de las repúblicas independientes y a la búsqueda de la unidad continental.

Una posible explicación a este "olvido" la podríamos encontrar analizando dos aspectos que de alguna manera se relacionan, aunque de todos modos no implica que sean determinantes a la hora de explicar esta cuestión. Por un lado, existió un condicionante político y geográfico. Esto está dado por la influencia que tuvo el Reino de Guatemala durante el período colonial. En este sentido es importante tener en cuenta que la región siempre estuvo bajo la determinante influencia política que ejercía el Virreinato de Nueva España. De hecho, la denominación legal que le correspondía al territorio de Centroamérica era el de Audiencia de Guatemala. La Audiencia formaba parte del Virreinato de Nueva

España aunque al ser una Audiencia Mayor tenía independencia del Virrey novohispano, ya que reportaba directamente al Consejo de Indias en Sevilla. La Audiencia, como órgano superior administrativo centroamericano, tenía funciones administrativas, ejecutivas y de justicia, y era presidida por el presidente-gobernador que llevaba el grado de Capitán General (de ahí que también se hable de la Capitanía General de Guatemala), quien se asesoraba y gobernaba con los oidores, y los integrantes del Consejo de Audiencia, todos nacidos en España.[2] A este "aislamiento político" de la región, debemos sumarle la característica topográfica del terreno y la falta de una infraestructura adecuada que no ayudó a la integración política y económica de la región, lo cual atentó contra el desarrollo político, económico y social del territorio. Estas características podrían servir como un primer intento de explicación de por qué tanto Centroamérica como José del Valle están ausentes o al menos no son tenidos en cuenta en la profundidad que meritaban en las obras que tratan los temas de historia hispanoamericana en el período de la independencia.

El segundo aspecto que nos serviría para entender mejor la ausencia de la figura de Valle a la hora de abordar estos temas tiene más que ver con su propia personalidad y la forma en que condujo sus estudios. Estimo que a la hora de valorar las dos opciones aquí propuestas, la que voy a mencionar a continuación tiene mayor importancia que la primera. En este punto se destaca la ausencia de viajes al exterior por parte de Valle (salvo el escaso año que pasó en México durante la etapa de la anexión) y la falta de una red intelectual y social que hicieran de Valle una persona capaz de difundir su pensamiento mucho más allá de su estrecho círculo intelectual y de amigos. De alguna manera, la ausencia de viajes terminó condicionando el impacto de sus ideas y escritos ya que los mismos han circulado muy poco fuera de Centroamérica.

---

[2] J.C. Solórzano Fonseca, "Los años finales de la dominación española (1750-1821)" en Héctor Pérez Brignoli (Ed.), *Historia General de Centroamérica. De la Ilustración al Liberalismo (1750-1870)*, T. III, Sociedad Estatal Quinto Centenario, Madrid, 1993, p. 13

Esto hace una gran diferencia con aquellos patriotas ilustrados de otras regiones, que más allá de la importancia o ubicación geográfica que tuviera su lugar de origen y participación política, lograron *visibilizarse* gracias a la participación en redes políticas e intelectuales que les permitió trascender no sólo geográfica sino históricamente ya que sus ámbitos de referencia se extendieron gracias a la difusión que le dieron otros actores políticos e intelectuales de la época en sus países así como también en España, Francia, Inglaterra y los Estados Unidos. En este sentido, un factor que ha impactado de manera profunda en muchos autores fue el hecho de vivir la experiencia del exilio, ya fuera en Europa o Norteamérica. Esta experiencia ha sido determinante en la conformación de redes intelectuales, sociales y políticas. Como sostiene Jorge Myers, "… el exilio era muchas veces la condición necesaria, *sine qua non,* para poder "visualizar" a América Latina como una unidad –cultural, política, o social y económica-. Es probable que el "americanismo" político de un Vicente Rocafuerte nunca hubiera podido adquirir la precisión y la fuerza que destilan sus escritos sin la penosa prueba del exilio. El exilio ampliaba los horizontes intelectuales de los escritores públicos, les permitía formar lazos transnacionales intensos y duraderos…".[3]

José del Valle, careció de este tipo de red intelectual, lo que lo hubiese hecho mucho más visible y conocido en el resto de las incipientes naciones hispanoamericanas. Las razones de esta carencia son dos, una muy concreta y comprobable; la otra, si se quiere, más subjetiva y abierta a las interpretaciones. La primera de las razones está dada en que Valle no fue un exiliado político a lo largo de su vida. De alguna manera, esto también le quitó el aura romántica y épica que tuvo la vida de muchos de sus contemporáneos que han sufrido el exilio y pasado momentos impor-

---

[3] Jorge Myers, "Introducción al volumen I. Los intelectuales latinoamericanos desde la colonia hasta el inicio del siglo XX", en Carlos Altamirano (director) *Historia de los intelectuales en América Latina*, Volumen I. Jorge Myers (editor del volumen) *La ciudad letrada, de la conquista al modernismo,* Katz Editores, Buenos Aires, 2008, p. 41

tantes de su vida en prisión. A Valle esto no le tocó en suerte, salvo la única vez que salió de Guatemala para formar parte del Congreso Mexicano en la época de la anexión de Centroamérica con México. Precisamente, esa fue también la única oportunidad en la que el hondureño pasó un par de meses en prisión, acusado de conspirar contra Agustín de Iturbide. Pero más allá de eso, su vida se circunscribió a su asiento en la ciudad de Guatemala. Así las cosas, Valle no participó de las redes que se formaron entre Londres y Cádiz, primero, y la que luego se desarrolló en el corredor La habana-Filadelfia durante la década de 1820. Seguramente, su participación en estos grupos le hubiera permitido trascender mucho más allá de Guatemala.

De todos modos, nos queda por esbozar lo que consideramos como la segunda razón que explica la no participación de Valle en este tipo de redes. Como ya señalamos, en este caso la explicación se hace más subjetiva y abierta a debates. Podemos especular por comentarios y relatos de la época, que el propio Valle no era una persona dada a la participación en reuniones sociales, ni que disfrutara de compartir e intercambiar ideas o inquietudes intelectuales con aquellos a los que no consideraba que estuvieran, como mínimo, a su misma altura intelectual. Esto nos hace suponer, que aun habiendo viajado le hubiese sido muy difícil que se integrara activamente en este tipo de redes sociales e intelectuales. De hecho, Valle no logró formar un grupo o tertulia en la ciudad de Guatemala, ni llegó a tener discípulos. Prefería, en cambio, trabajar en la soledad de su estudio como a él le gustaba decir. Así las cosas, este comportamiento también contribuyó a que su pensamiento e ideas no lograran trascender de la misma manera que las de otros de sus contemporáneos que sí fueron más afectos a participar en tertulias y redes intelectuales.

Las dos razones esgrimidas en los párrafos precedentes pueden ser tomadas como dos motivos por los cuales José del Valle no ha logrado el destaque que otras personalidades con sus mismas características sí han conseguido. Sólo podemos preguntarnos qué hubiera pasado si su figura hubiese estado presente en los círculos intelectuales de hispanoamericanos que frecuentaron

Londres entre 1800 y mediados de 1820 o en los que luego se desarrollaron en Filadelfia a partir de la tercera década del siglo XIX. Probablemente otro hubiera sido su derrotero, de todos modos, sólo podemos afirmar que su ausencia en estos lugares fue producto de su propia decisión, ya que no le faltaron ofrecimientos para trasladarse a Europa o Estados Unidos durante los años que van de 1810 a 1833.

En este trabajo nos proponemos, entonces, poner en contexto el ideario americanista de José del Valle. Para ello, haremos hincapié en dos temas que el hondureño desarrolló en algunos de sus escritos y presentaciones públicas, como lo fueron las ideas sobre el surgimiento de las naciones hispanoamericanas y la viabilidad de crear una institución que promoviera la unidad política y económica de Hispanoamérica; así como el análisis que hizo sobre la importancia y factibilidad de la construcción de un canal interoceánico que permitiera integrar de manera más eficiente a las naciones americanas.

No se pretende con esto hacer una compulsa para dirimir qué patriota fue el primero en impulsar ciertas ideas o proyectos en Hispanoamérica, sino de rescatar algunas de las propuestas realizadas por José del Valle a la luz de los trabajos historiográficos que se vienen desarrollando a lo largo de las últimas dos décadas. Esto a su vez, contribuiría a ubicar a Centroamérica en el contexto político e intelectual de los primeros años de la independencia como una región que era atravesada por los mismos problemas y debates políticos que estaban teniendo lugar en el resto del territorio del extinto Imperio Español.

La organización del libro tiene cuatro capítulos que se dedicarán a los siguientes temas: el primero es una semblanza sobre Jose del Valle y su participación pública entre 1810 y 1834. El objetivo del mismo es presentar una síntesis de los principales momentos de su vida pública. Pensamos que de esta manera aquellos que no están familiarizados con su figura puedan luego comprender mejor el lugar desde donde Valle escribió los textos que se analizarán en los capítulos 3 y 4. El segundo capítulo, estará centrado en analizar los debates políticos que se dieron en Hispanoamérica en la etapa de la transición del antiguo régimen a las repúblicas independientes. En el mismo se hará hincapié en el rol que jugaron los *intelectuales patriotas* en el proceso de independencia hispanoamericano y la evolución que tuvieron el concepto de *nación* y la idea de crear una *confederación americana*. El capítulo tres, tomará las ideas esbozadas por José del Valle en cuanto al concepto de *nación* y de *confederación americana*, para compararlas con las propuestas hechas por sus contemporáneos analizadas en el capítulo dos. Finalmente, en el capítulo cuatro, se analizará la propuesta de construcción de un *canal interoceánico* que se discutió en el Congreso de Centroamérica a mediados de la década de 1820 y los comentarios y objeciones que hiciera Valle como Diputado de dicho Congreso.

Capítulo 1: Semblanza de Valle

Hijo de José Antonio Díaz del Valle y Ana Gertrudis Díaz del Valle, José Cecilio del Valle nació en Choluteca, actual Honduras, el 22 de noviembre de 1777.[4] Siendo muy joven debió emigrar junto a su familia a la ciudad de Guatemala, que ya en aquel entonces era la Capital del Reino de Guatemala. Una vez instalado en la ciudad capital, José del Valle tuvo la posibilidad de acceder a una educación avanzada que de haberse quedado en Choluteca habría sido muy difícil que obtuviera, ya que la única universidad de la región era la de San Carlos. Sumado a ello, su vida en los claustros universitarios le permitió acceder a una red de contactos muy cercana a la elite política e intelectual de la Guatemala Colonial.

Su formación intelectual

Los años de formación intelectual y profesional de Valle se enmarcan dentro del período de difusión de las ideas de la ilustración europea, las reformas borbónicas y el desenlace de movimientos de carácter político como la Independencia de Estados Unidos y la Revolución Francesa, los cuales tendrían una influen-

---

[4] Si bien su nombre completo es José Cecilio del Valle, él firmaba José del Valle sin el Cecilio. Esto ha llamado a alguna confusión ya que en Honduras se lo conoce como José Cecilio y en Guatemala como José solamente. De todos modos, muchas obras sobre su persona llevan como título sus dos nombres aunque él utilizara solamente uno.

22

cia decisiva en los futuros procesos emancipadores de Hispanoamérica. En este contexto, tomaron un lugar preponderante algunas corrientes del pensamiento ilustrado que serían utilizadas para legitimar el ascenso al poder de los grupos locales que demandaban más autonomía con respecto a España.[5] Precisamente, desde finales del siglo XVIII la Universidad San Carlos de Guatemala estaba atravesando por una serie de reformas académicas impulsadas, entre otros, por quien sería una figura de gran influencia en el pensamiento de Valle, el padre José Antonio Liendo y Goicoechea.[6]

En la Universidad, Valle pasó tres años estudiando lógica y física, áreas en las que fue examinado para obtener su título de Bachiller en Filosofía. En 1794, Valle presentó su tesis en Física en la que abordó el tema del desarrollo de la electricidad influenciado por los experimentos que venía realizando Benjamín Franklin, llegando a sugerir que la electricidad tiene propiedades curativas. Finalmente, Valle completaría sus estudios con el título de Bachiller en Derecho Civil y Canónico en 1799 y su Licenciatura en Abogacía en 1803.

Por aquellos años, estas nuevas corrientes de pensamiento se difundieron a través de la Sociedad de Amigos del País (también conocida como Sociedad Económica)[7] y de la Gaceta de Guatemala. El propio Valle señalaba, en la sesión de apertura de la Sociedad en 1812, que antes de 1800 era muy poca la atención que se demostraba en Guatemala por estos temas. Por su parte, La

---

[5] Tulio Halperín Donghi, Historia *Contemporánea de América Latina,* Alianza Editorial, México, 1983, pp. 80-82 y John Lynch, *Las Revoluciones Hispanoamericanas 1808-1826,* Editorial Ariel, Barcelona, 2001, p. 32.

[6] Para un estudio detallado de la evolución de las ideas de la ilustración en la universidad ver: John Tate Lanning *The Eighteenth Century Enlightenment in the University of San Carlos de Guatemala,* Ithaca, Nueva York, 1956, y *The University in the Kingdom of Guatemala,* Ithaca, Nueva York, 1955

[7] Según los textos consultados se podrá encontrar que la denominación de la Sociedad varía, algunos la llaman Sociedad de Amigos del País, otros Sociedad de Amantes de la Patria de Guatemala, otros Sociedad Económica de Amigos del País y otros simplemente Sociedad Económica. Ver: José Luis Reyes M., *Apuntes para una Monografía de la Sociedad de Amigos del País,* Centro Editorial de "José de Pineda Ibarra", Ministerio de Educación Pública, Guatemala, 1964

Gaceta también contribuyó a difundir los nuevos postulados del pensamiento ilustrado, dedicando sus páginas a artículos y debates sobre economía, medicina, literatura, comercio y el "problema del indio".[8] En este clima de cambio, Valle fue nutriéndose de los lineamientos de la ilustración a partir de la lectura de diversos exponentes de dicha tradición intelectual, entre quienes se destacaron Newton, Locke, Smith, Descartes, Montesquieu, Diderot, Voltaire, Rousseau, Condillac y D'Alambert, los cuales ya eran leídos en las principales capitales de Hispanoamérica. Pero además en su colección se encontraban autores como: Bentham, Franklin, Genovesi, Canard, Say, Condorcet, Malthus, Gañil, Necker, Pecchio, Ricardo, Sismondi, Storch, Montesquieu, Racine, Napoleón, Smith y D'Alambert, entre otros. Cuenta de ello se puede obtener recorriendo los estantes de la biblioteca que el propio Valle fue alimentando a lo largo de su vida, y que en una porción sustancial todavía se puede apreciar en la sala especial que lleva su nombre en la Biblioteca Von Mises de la Universidad Francisco Marroquín.

Sus primeros trabajos en el gobierno colonial

Sus comienzos laborales, están asociados con el ejercicio de su profesión de abogado, la cual ejerció más por necesidad económica que por vocación, ya que no heredó fortuna de su padre. Su actuación en los casos de litigio contra los Monasterios de Santo Domingo y San Francisco, le aportaron reconocimiento profesional y fortuna, además de contactos políticos. En 1803, durante el gobierno del Capitán General de Guatemala Antonio González Saravia accedió al cargo de Asesor temporal y fiscal para casos de especial importancia en los intereses del Rey. Dos años después,

---

[8] Originalmente, la *Gaceta de Guatemala* se édita el 1º de noviembre de 1729. En esos primeros años la *Gaceta* era más un órgano encargado de dar noticias sobre las festividades religiosas que otra cosa, luego hacia finales del siglo XVIII y comienzos del XIX empezará a difundir las nuevas ideas ilustradas. En algunos textos se encontrará la publicación mencionada como la *Nueva Gaceta de Guatemala*. Ver: *Historia del Desenvolvimiento Intelectual en Guatemala*, Tomo III (época colonial) Vol. 13, Editorial del Ministerio de Educación Pública, Guatemala, 1951

en 1805, fue nombrado Defensor de Obras Pías y Censor de la
Gaceta de Guatemala (este cargo le traería algunos problemas en
el futuro ya que cuando comenzó a participar más abiertamente
en política a partir de 1817, sus adversarios políticos se encarga-
rían de recordar su participación en el gobierno colonial como
censor), y al año siguiente ocupó el cargo de Asesor del Consula-
do de Guatemala, en el que permaneció hasta 1811. En 1808
también había sido nombrado Abogado del Convento de Santo
Domingo de Guatemala, y al año siguiente fue elegido Diputado
vocal de la Junta Central de la Provincia.[9]

El destacado papel de Valle como funcionario del gobierno colonial en los primeros años del siglo XIX marcaría el inicio de la
transición personal en Valle quien pasaría de funcionario *colonial*
a *político* de la Guatemala independiente. La notoriedad que al-
canzó en aquellos años despertó el rechazo por parte de distintos
sectores de la capital del Reino de Guatemala. Por un lado, estaban los grupos más radicalizados, que veían en Valle a un agente
que servía, ante todo, a los intereses de la corona española; por el
otro, estaban las familias más tradicionales de la ciudad de Guatemala que consideraban a Valle como un advenedizo quien con
su vertiginoso ascenso estaba ocupando lugares que debían ser
reservados para las familias más destacadas de la Capital.

Cuando el 13 de agosto de 1808 llega a Guatemala la noticia
de la caída del gobierno español en manos francesas, el Capitán
General Antonio González junto con las demás autoridades coloniales decidió rechazar el gobierno de José Bonaparte. Se abrió
entonces el debate sobre cuál era la legitimidad de la nueva Junta
Central que asumía la autoridad interina del gobierno peninsular.
En Guatemala, la invitación para enviar diputados a las cortes fue
publicada por el Capitán General el 30 de abril de 1809, y en consecuencia, se llamó a elecciones en todo el reino. El resultado de
las mismas arrojó la elección de José del Valle por los ayunta-

---

[9] R. Rosa, *Biografía de don José Cecilio del Valle*, en José del Valle y Jorge del Valle
Matheu (compiladores), *Obras de José Cecilio del Valle*, Tomo I, Tipografía de
Sánchez y De Guise, Guatemala, 1929, pp. XXI-XXII.

mientos de León, Tegucigalpa y San Vicente, pero éste declinó aceptar el ofrecimiento.

En 1812, cuando la Junta Central se encontraba radicada en la ciudad de Cádiz al sur de España, las Cortes de Cádiz sancionron la Constitución Monárquica, conocida como Constitución de Cádiz, la cual se convirtió en un documento fundamental para el posterior desarrollo del liberalismo español y centroamericano. Este documento introdujo cambios con respecto a la conformación del gobierno y quiénes podrían participar del mismo, aunque la participación democrática de los ciudadanos no fuera el objetivo principal de la misma.[10] Al referirse a ésta, en el discurso de apertura de las clases de Economía Política impulsadas por la Sociedad Económica de 1812, Valle sostuvo que las Cortes de Cádiz establecían *"principios benéficos para nosotros y para ese Pueblo grande, que lucha por sostener sus derechos... [sentando] las bases primeras del bien, declarando que el objeto del Gobierno es la felicidad de todos..."*[11] Aunque Valle no consideraba que ese fuera el momento para impulsar dichas reformas, esto no significa que estuviera en contra de esos cambios.

La llegada de Bustamante y Guerra

Precisamente en ese momento se producirían dos acontecimientos importantes en la vida de Valle; uno de ellos a nivel personal, ya que el 12 de octubre de 1812, contrajo matrimonio con María Josefa Valero y Morales, oriunda de Honduras, con quien luego tendría sus tres hijos: María Dolores, María Josefa y Bernardo Macabeo; el otro fue a nivel político, producido por la llegada de un nuevo Capitán General a Guatemala, José Bustamante y Guerra, quien se opuso férreamente a la incipiente apertura política

---

[10] M. Rodríguez, *El Experimento de Cádiz, 1808-1826*, FCE, México, 1984, pp. 109-114.

[11] *El Amigo de la Patria*, nº 2, 26 de octubre de 1820, p. 27. Para este trabajo utilizaremos la reproducción del periódico que se encuentra en *Escritos del Licenciado José Cecilio del Valle*, Editorial de "José de Pineda Ibarra", Guatemala, 1969

que se estaba dando en Hispanoamérica como consecuencia de lo que estaba sucediendo en España. A todo esto hay que sumarle que en mayo de 1814, con el retorno de Fernando VII al poder, la Constitución de Cádiz fue abolida. Así las cosas, los años que siguieron a la restauración de Fernando fueron de una alta exposición política para Valle, ya que este fue una especie de mano de derecha del Capitán General Bustamante. A partir de ese momento se empezó a vislumbrar en Guatemala la formación de dos facciones políticas que a la postre serían las encargadas de liderar el camino a la independencia y que se disputarían el poder en la naciente república.

La historiografía tradicional identificó a estas dos facciones como *liberal* (o *cacos*) y *conservador* (*bacos* o *serviles*). Los primeros eran liderados por Pedro Molina, y los segundos, estaban encabezados por José del Valle. En cuanto a la composición sectorial de cada facción, se podría decir que en ambos predominaban gente proveniente de sectores sociales diversos, como ser aquellos que pertenecían a las familias representativas de la elite de la capital y de las provincias, las clases medias urbanas y los productores agrícolas, los cuales podrían inclinarse por una u otra facción según sus intereses particulares del momento más que por grandes diferencias ideológicas.[12]

Surgimiento de las facciones políticas

En 1818, la cuestión de la emancipación no era una prioridad política en Centroamérica para ninguna de las dos facciones, ya que lo que ambas buscaban, era cooptar la voluntad del nuevo Capitán General Carlos Urrutia para hacer prevalecer sus intereses económicos y políticos. El debate por la independencia se comenzaría a dar más abiertamente a partir de 1820, impulsado por la restauración de la Constitución de Cádiz en España y por los acontecimientos que estaban ocurriendo en México bajo el

---

[12] Carlos Meléndez Chaverri, *José Cecilio del Valle: Sabio Centroamericano*, Ed. Libro Libre, San José, 1985, pp. 54-55 y L. Bumgartner, *José del Valle de América Central*, Editorial Universitaria, Tegucigalpa, 1997, p. 142.

mando de Agustín de Iturbide. Consideramos, por tal motivo, que identificar a los *cacos* como liberales y a los *bacos* como conservadores, no se ajusta a lo que en realidad representaban tanto política como ideológicamente estas dos facciones. Sería más adecuado hablar de la existencia de dos grupos de tendencia liberal: los de Valle (*bacos*) moderados y los de Molina (*cacos*) más radicales en sus demandas.[13]

En realidad, las causas del enfrentamiento entre estas dos facciones se debían más a la disputa por el control de los espacios de poder que a una supuesta contienda ideológica, lo cual se aprecia claramente en los artículos que publicaron en sus órganos de difusión *El Editor Constitucional* dirigido por Pedro Molina y *El Amigo de la Patria* editado por José del Valle. El impulso definitivo, para aquellos que proponían la apertura política y/o esbozaban intentos independentistas, llegó en marzo de 1820 cuando Fernando VII se vio forzado a restaurar la Constitución de Cádiz, lo cual trajo aparejado la convocatoria a elecciones para diputados provinciales y representantes a las Cortes en España, al tiempo que ello reactivó de manera profunda un debate que estaba presente en el enfrentamiento de estas dos facciones como ser el tema de quiénes tenían el legítimo derecho a ejercer el gobierno y liderar el cambio político-social en Centroamérica a partir de ese momento.

En ese ambiente de cambio político, el 2 de enero de 1821 Valle asumió como Alcalde de la Ciudad de Guatemala, posición que le permitió ejercer funciones ejecutivas por primera vez en su vida, promoviendo su proyecto de gobierno.[14] De todos modos, más allá de su entusiasmo y de su estudio pormenorizado de cuáles eran las causas del atraso y los medios para salir del mismo propuesto por Valle, fue poco lo que pudo hacer ya que había un fuerte choque de intereses entre la Diputación Provincial y el

---

[13] Teresa García Giráldez, "El debate sobre la nación y sus formas en el pensamiento político centroamericano del siglo XIX", en Marta Casaús Arzú y Teresa García Giráldez, *Las Redes Intelectuales Centroamericanas: un siglo de imaginarios (1820-1920)*, F&G Editores, Guatemala, 2005, p. 14.

[14] Ver *El Amigo de la Patria*, n° 2, 5, 6, 7 y 10, todos correspondientes al año 1820.

Ayuntamiento de la ciudad. En medio de esta disputa, Valle recibió el nombramiento de Auditor de Guerra, con lo cual decidió renunciar a su puesto de Alcalde de Guatemala para jurar como Auditor el 14 de mayo de 1821, ya que el nuevo cargo le ofrecía la posibilidad de subir en la jerarquía del gobierno colonial, al tiempo que lo alejaba de las disputas políticas del momento.

La independencia de Centroamérica

Si bien en los primeros meses de 1821 la idea de independencia era considerada por algunos centroamericanos como algo factible, para la mayoría de los líderes políticos no era un tema central. Pero hacia mediados de año la situación cambiaría cuando el nuevo Alcalde de Guatemala, Mariano Larrave, el 31 de agosto de 1821 informó al Ayuntamiento sobre lo que estaba sucediendo en México con Agustín de Iturbide y sobre cómo estos acontecimientos incentivaron la publicación por parte del "pueblo bajo" de panfletos dirigidos contra la elite española y criolla que gobernaba Centroamérica.[15] Los acontecimientos de México potenciaron a los independentistas centroamericanos que se reunieron en la región de Chiapas con el enviado de Iturbide para declarar la independencia y adherir al Plan de Iguala.[16] Todo esto desencadenó los acontecimientos en la ciudad de Guatemala que en una reunión, convocada por el nuevo Capitán General interino Gabino Gaínza, terminaría decidiendo declarar la independencia de España el 15 de septiembre de 1821.

En ese momento, Valle consideraba que aún no estaban dadas las condiciones para impulsar la independencia en Centroamérica. Temía que Guatemala pasara por el mismo caos político al que se enfrentó Francia bajo el gobierno jacobino. Por este motivo, prefería la implementación de un reformismo gradual o evolutivo, y así lo manifestó en sus artículos. Para él, primero había que avanzar en el establecimiento de las

---

[15] *Libro de Cabildos de Guatemala*, 1821.
[16] L. Bumgartner, *José del Valle*, pp. 197-198.

instituciones que preveía la Constitución de Cádiz, y recién después de logrado este objetivo se podría considerar la posibilidad de independizarse de España. De todos modos, José del Valle, quien había acudido en su carácter de Auditor de Guerra, aceptó la postura de la mayoría de los presentes y aprobó la declaración de independencia, y hasta accedió al pedido de los miembros del Ayuntamiento y de la Diputación Provincial para que redactase el acta que declaraba la independencia. Ante los hechos consumados, Valle aceptaba la emancipación aunque sostenía que el cambio debía implementarse con cautela, ya que eran pocas las personas que estaban en condiciones de liderar dicho proceso en Centroamérica.

La anexión a México

Después del 15 de septiembre de 1821, lo único que cambió para la mayoría de los habitantes de la región es el hecho formal de no depender más del Rey de España. En cuanto al gobierno local podríamos decir que casi todo siguió igual; las mismas personas que venían gobernando durante el período colonial continuaron haciéndolo durante los meses posteriores a la emancipación. Durante las primeras semanas de gobierno, fue muy poco lo que pudo hacer la Junta Provisional Consultiva, ya que se encontraba en medio de un ambiente convulsionado por las disputas internas y la falta de recursos. Para sumarle más incertidumbre a la situación, el 5 de enero de 1822, la Junta decidió aceptar la oferta de anexión a México que había realizado Iturbide con lo cual la suerte de Guatemala quedaría ligada a la de México por casi dos años hasta que el 1º de julio de 1823 Guatemala decidió terminar con la anexión a dicho país.

Al concluir el período de la anexión, el 29 de junio de 1823 se instaló el Congreso centroamericano, tal como especificaba el Acta de Independencia. También se estableció que, hasta que se sancionara la constitución, el Poder Ejecutivo interino quedaría en manos de un triunvirato integrado por Manuel Arce, Pedro Molina y Juan Vicente Villacorta, aunque la creciente tensión que había entre sus miembros y los de la Asamblea le dio corta vida y fue reemplazado por el Segundo Triunvirato en octubre de 1823, el cual estuvo integrado por Manuel José Arce, José del Valle (ambos ausentes, y reemplazados interinamente por Juan Vicente Villacorta y José Santiago Milla respectivamente) y Tomás O'Horán. Valle, quien había viajado a México como Diputado por Centroamérica, regresó a Guatemala el 24 de enero de 1824; un par de semanas después, el 5 de febrero, se integró como miembro del Segundo Triunvirato y rápidamente se convirtió en una pieza clave del mismo. De todos modos, al igual que en el Primer Triunvirato, el Segundo se encontró con las manos atadas desde el comienzo ya que no tenía autonomía para emprender sus proyectos porque debía consultar casi todas sus decisiones con la Asamblea, la cual, a su vez, estaba ocupada en la redacción de la Constitución, la que finalmente sería sancionada el 22 de noviembre de 1824, instaurando un gobierno federal para la región.

La elección a Presidente

Concluida su misión, la Asamblea Constituyente se disolvió el 23 de enero de 1825, siendo reemplazada por el primer Congreso Federal que se instaló en la ciudad de Guatemala el 6 de febrero del mismo año. Una de las últimas actuaciones de Valle como miembro del Segundo Triunvirato fue el discurso que pronunció en la apertura de las sesiones del Congreso el día 25 de febrero, el cual fue acompañado por una Memoria en la que se presentaba un resumen de las labores ejercidas por el mismo. La convocatoria para elegir al presidente se realizó el 5 de mayo de 1824 y el proceso tomaría casi un año en concretarse debido a las distancias que había que recorrer, además del tiempo que tomó organizar los comicios en las zonas más alejadas. Los dos candidatos con más posibilidades de ganar eran José del Valle y José Manuel Arce, obteniendo 41 y 31 votos respectivamente. La Constitución establecía que sería electo Presidente el candidato que reuniera la mitad más uno de los votos y como ninguno de los dos más votados llegaba a los 42 votos necesarios se realizó una segunda elección, a cargo del Congreso, en la que salió triunfador

Arce. La reacción de Valle ante este desenlace fue la presentación del *Manifiesto a la Nación de Guatemala.*[17] En el mismo, Valle hacía una síntesis de su vida pública desde 1821 hasta el momento de la elección, explicando que no hacía eso por interés personal, sino como obligación moral ante aquellos que lo habían honrado con el voto para presidente.

En diciembre de 1825 Valle se enteró de que las ciudades de Guatemala y Chiquimula (por el Estado de Guatemala) y la de Santa Bárbara (por el Estado de Honduras) lo habían elegido diputado para el Segundo Congreso Nacional a reunirse el 1º de marzo de 1826. Del análisis de los discursos y proyectos que presentó Valle como diputado, se puede apreciar que intentó promover aquellas ideas que venía elaborando desde comienzos de la década de 1820. De todos modos, no fueron tiempos sencillos para el Congreso ya que su relación con el Presidente Arce fue muy complicada hasta el punto que Arce trató de eliminar la influencia liberal en el congreso que le era hostil, convocando a un Congreso Extraordinario en la ciudad salvadoreña de Cojutepeque, lo cual junto a otros temas conflictivos como la elección del Obispo de El Salvador y la dificultosa relación que mantenían los estados de Guatemala y El Salvador (por disputas económicas) aceleraría los tiempos de la guerra civil.[18] Así las cosas, entre finales de 1826 y comienzos de 1829 se desató una guerra civil en Centroamérica, que terminó con el gobierno de Arce y los escasos recursos con los que contaba la región, surgiendo como nuevo hombre fuerte del país el General Francisco Morazán, líder de las tropas vencedoras, lo que le daría la oportunidad de ser elegido presidente en dos oportunidades.

---

[17] Manifiesto a la nación de Guatemala, 20 de mayo de 1825. En: J. Valle y J. Valle Matheu (comp.), *Obras de José Cecilio del Valle*, T. I

[18] L. Bumgartner, *José del Valle*, pp. 337-338.

La guerra civil y el último intento

Desde el estallido de la guerra civil en adelante Valle no volvería a tener una participación política tan activa como la que había desempeñado desde 1811 hasta comienzos de 1826, dedicándose desde ese momento a la administración de sus estancias y al estudio, aunque siempre mantuvo su impronta política en sus escritos en los que se dedicó a analizar el presente y el futuro político de Guatemala. De alguna manera, este fue el patrón de comportamiento de Valle cuando la situación política le era adversa, es decir, se alejaba de la misma para dedicarse a sus cuestiones particulares. En marzo de 1831 el gobierno de Morazán lo nombró Ministro Plenipotenciario en Francia, cargo que Valle rechazó en dos oportunidades alegando problemas de salud, y el 29 de octubre del mismo año, el Congreso Federal lo eligió como Presidente de la Corte Suprema de Justicia, ofrecimiento que también desechó el 4 de noviembre. De todos modos, estos ofrecimientos políticos no serían los últimos que recibiría Valle. Todavía quedaba una última oportunidad de llegar a la Presidencia.

El mandato presidencial de Francisco Morazán terminaba en 1834, de manera tal que desde finales de 1833 se venían realizando elecciones para elegir su sucesor. De acuerdo a los comentarios de la época, se presumía que Valle había obtenido la mayoría de votos requeridos para ocupar dicho cargo. Es posible que los rumores de su triunfo, despertaran en Valle las ganas de retornar a la ciudad de Guatemala desde su hacienda La Concepción en la que se encontraba con su familia. Pero a mediados de febrero de 1834, Valle sintió una descompensación física, razón por la cual su esposa mandó a buscar a su médico personal, Quirino Flores, quien arribó al lugar el 25 de febrero, y luego de prescribir las medicinas necesarias para aminorar las molestias de Valle, lo autorizó a emprender su regreso a la ciudad de Guatemala, lo cual hizo el primero de marzo. Durante esa primera jornada de viaje la salud de Valle no presentó dificultades, pero al amanecer del día siguiente sufrió un ataque

que le provocó la muerte en forma instantánea.[19] Esta vez su instinto y ambición política le jugaron una mala pasada, el mismo Valle que a mediados de julio de 1833, le decía a Flórez Estrada *"no tengo otra ambición que la de cultivar mis caras Ciencias. Yo me abrazo a ellas: vivo para ellas, y sentiré morir por ellas"*, no pudo evitar la tentación de asumir como Presidente de Centroamérica. Para ello se había preparado toda su vida, y ese era el cargo que más ambicionaba desempeñar, aunque como otras veces en su vida se quedó en el umbral.

---

[19] Ramón Rosa, *Biografía de don José Cecilio del Valle*, pp. XCV-XCVI.

Capítulo 2: La idea de nación y patria en Hispanoamérica

Napoleón y la crisis de la corona española

La crisis del imperio español desató una serie de cambios impensados para las colonias hispanoamericanas hacia comienzos del siglo XIX. Más allá del clima de renovación de ideas que se venía observando desde mediados del siglo XVIII en Europa y Norteamérica, poco hacía pensar que en los territorios que se encontraban bajo el mando del monarca español cabría la posibilidad de que se produjeran cambios de la magnitud que tendrían los sucesos desde 1810 en adelante. La invasión napoleónica a la península ibérica y la abdicación de Carlos IV y su heredero Fernando, llevaron a un proceso revolucionario que no se preveía un par de años antes. Así las cosas, le revolución terminaría por acelerar un proceso que tiene dos aspectos determinantes en el futuro de Hispanoamérica. Por un lado, desde el punto de vista ideológico se comienza la transición del antiguo régimen a la modernidad; por otro lado, se inicia un período de desintegración territorial de lo que hasta ese momento era dominio de la monarquía española en su conjunto. Ambos procesos le darán un perfil de ruptura al movimiento de independencia hispanoamericano que será determinante, tanto en el aspecto político como en el social y el económico, para todas las naciones que surgirían a partir de la desintegración del poder español en la región.

Los cambios que se desatan a partir de este momento no están sujetos a la acción de un solo actor ni tienen explicaciones únicas ni lineales. No existe un punto de partida ni un punto de llegada. El proceso es mucho más complejo de lo que tradicionalmente se pensó y explicó. De todos modos, muchos de los que actuaron en aquella época buscaron resaltar más la continuidad que la ruptura, tratando, de esta manera, de legitimar su accionar político resaltando el carácter evolutivo de sus intervenciones políticas. Es por ello, que podemos encontrar en la historiografía que analiza este período dos premisas: "la existencia de naciones a finales de la ápoca colonial… (y) el contraste entre la modernidad política de América y el arcaísmo político de la España peninsular". Al plantearse el estudio de este período de esta forma, el proceso de independencia hispanoamericano parece mucho más sencillo de lo que realmente ha sido, dejando fuera del análisis todo aquello que no entra en este modelo de interpretación.[20]

El cautiverio del monarca español y la reacción de los españoles que rechazan la figura de José Bonaparte en el trono de la corona desata una situación inédita en la América española. Es así como aparecen muestras impensadas de fidelidad al rey y solidaridad con el pueblo español. Se presenta en este momento un compromiso hacia la figura del rey, el cual se formaliza en el juramento que hacen los entes de gobierno locales a la monarquía española como contraposición a lo que representa la usurpación del invasor francés. Ahora bien, esta nueva situación lleva a un nuevo tipo de fidelidad, ya que al estar el rey prisionero, la misma se debe externalizar "hacia una entidad abstracta, ya sea la Constitución o la nación."[21] Se busca entonces crear la idea de una unidad hispanoamericana y peninsular que remite a lazos históricos. Como señala Guerra, "las metáforas utilizadas son muy clásicas y remiten a la unidad de todos sus habitantes, a pesar de la de-

---

[20] François-Xavier Guerra, "El ocaso de la monarquía hispánica: revolución y desintegración", en Antonio Annino y Françcois-Xavier Guerra (coord.) *Inventando la nación. Iberoamérica. Siglo XIX*, Fondo de Cultura Económica, México, DF, 2003, pp. 119-121

[21] Ibíd., pp. 124-125

sigualdad de situaciones y de funciones. La nación se concibe, por ejemplo, como una gran familia que tiene al rey como padre y múltiples hijos, diferentes pero igualados en los mismos deberes de defenderlo y asistirlo."[22]

De todos modos, ello no implica que las distintas ciudades y pueblos reaccionaran con una unidad de criterio, sino que cada uno lo hacía con la impronta que surgía de la inesperada e imprevisible sucesión de acontecimientos políticos que tenían lugar en Europa. Así las cosas, la reacción de los americanos remite a una "concepción moderna de la nación concebida como asociación voluntaria de individuos iguales, es decir, la que había hecho triunfar a la Revolución francesa."[23] Ante esta situación, se puede apreciar que el hundimiento del absolutismo se dio tanto en la práctica como en la teoría. Esto queda constatado primero con la abdicación de Carlos y Fernando, y luego, con las juntas que se constituyeron en España, las cuales no lograron cubrir el vacío dejado por la ausencia del rey, lo cual haría muy difícil retrotraer la situación cuando se produjera la restauración de Fernando VII en el trono. Los eventos que se desencadenan entre 1808 y 1815, desatan una serie de fuerzas que ya no podrían detenerse por más intentos que hiciera el restaurado Fernando VII con la ayuda de la Santa Alianza. Aún "… con terminologías diversas y muchas veces confusas, todos apelaron a una relación pactista o contractual entre el rey y la sociedad… si el rey faltaba, la soberanía volvía a la nación, al reino, a los pueblos…"[24]

Escritores patriotas

Todos estos cambios produjeron una transformación en los hábitos de aquellos que se dedican a la escritura pública. "Esa transformación dio origen a una categoría particular de escritor público: el letrado patriota. Obligados a pronunciarse acerca del futuro rumbo de sus respectivas tierras de origen –es decir, de sus pa-

---

[22] Ibíd., pp. 125-126
[23] Ibíd., p. 126
[24] Ibíd., p. 128

trias- como consecuencia de la profunda crisis generada en la monarquía española por la invasión napoleónica y la doble revolución que siguió en su estela –la de los constitucionalistas de Cádiz y la de las insurgencias autonomistas y republicanas en suelo americano-, los letrados se vieron arrojados hacia una situación inédita que los obligó a asumir la compleja tarea de actuar con cierta autonomía frente a los poderes públicos y a convertirse en artífices –más aun que en voceros- de las nuevas identidades regionales que comenzaban a surgir de las ruinas del imperio caído."[25]

Con estos cambios, los escritores se convirtieron en "voceros de lo que se percibía como los intereses de su *patria* natal". La inestabilidad política y social que se produce a partir de 1810 crea un marco de transformación que hace que estos escritores que hasta ese momento, en su mayoría, eran funcionarios coloniales, pasaran a convertirse en patriotas. Entre ellos, la distinción no pasaba tanto por las diferencias ideológicas a las que aludían, sino a la necesidad de posicionarse ante un futuro político incierto. Quedar mal parado en aquellos tiempos significaba poder terminar en prisión, en el exilio o frente al pelotón de fusilamiento en casos extremos.[26] En este contexto, se presenta a los intelectuales una disyuntiva entre optar por un sistema doctrinario basado en "un republicanismo de raíz rousseauniana o un liberalismo inspirado en las doctrinas de Benjamín Constant, una consustanciación con la tradición constitucionalista de Cádiz o con el federalismo de raigambre norteamericana"; aunque lo que finalmente predominó fue una cierta flexibilidad doctrinaria apuntalada por una marcada tendencia al pragmatismo que era producto de la incertidumbre política en la que se vivía.[27] Fijar una posición en

---

[25] Jorge Myers, "El letrado patriota: los hombres de letras hispanoamericanos en la encrucijada del colapso del imperio español en América", en Carlos Altamirano (director) *Historia de los intelectuales en América Latina*, Volumen I. Jorge Myers (editor del volumen) *La ciudad letrada, de la conquista al modernismo*, Katz Editores, Buenos Aires, 2008, p. 121

[26] Ibíd., p. 122

[27] Ibíd., p. 123

aquel momento implicaba un alto costo a pagar en el futuro cercano. De manera tal que hasta bien entrada la década de 1820 la situación sería la misma en cuanto a la definición política que habrían de tomar los escritores patriotas.

Estos letrados hispanoamericanos tenían una característica en común: poseían la voluntad de convertirse en representantes de la patria a la que pertenecían. De alguna manera eran ellos los que debían exteriorizar el modelo de gobierno que debía surgir en aquellos años de transición; además, también compartían la misión de definir cuál era la naturaleza de la patria a la que pertenecían.[28]

¿Qué es la patria para estos escritores?

La pregunta ineludible en este momento es: ¿Qué significa la patria para estos escritores patriotas? "Las alternativas eran muchas, desde una identificación profunda con la monarquía imperial como patria de todos sus ciudadanos, hasta una defensa acérrima de la ciudad y la microrregión por ella gobernada como la patria que debería convertirse en el nuevo sujeto de soberanía."[29] Para estos escritores patriotas, será difícil identificar la patria a la que pertenecen, ya que realizan su tarea en un contexto de crisis de legitimidad e incertidumbre. Es una época de transición entre la caída del antiguo régimen y el surgimiento de una nueva era que no se sabía bien cómo sería. A pesar de ello, son estos autores los que harán los primeros intentos de definir de manera prematura lo que era la patria naciente que se comenzaba a debatir.[30] En la tradición española, la patria se asocia con "una lealtad "filial", localizada y territorializada, y por ello más fácilmente instrumentalizable en un momento de ruptura de un orden secular… la patria es inmediata y corporizable en el entorno conocido." Además, la patria estará vinculada con "la idea de libertad… las palabras *patriota* y *patriotismo* fueron evocando cada vez más el amor

---

28 Ibíd., p. 141

29 Ibíd., p. 141

30 Ibíd., p. 142

a la libertad, y *patria* se aplicó a la tierra de hombres libres y felices", lo cual fue perfectamente funcional al discurso independentista de los patriotas hispanoamericanos.[31]

El proceso de creación de identidades nacionales ha sido sumamente complejo en las primeras décadas posteriores a la independencia. Las nuevas élites políticas debieron realizar un trabajo de invención simbólica para imaginar las nuevas naciones.[32] Estas incipientes identidades políticas serían naciones con gobiernos representativos basados en su sistema republicano. Intelectuales patriotas como Francisco de Miranda, Simón Bolívar, Mariano Moreno, Bernardo O'Higgins, José María Morelos, entre otros, promovieron este tipo de sistema político luego de la separación de la metrópoli, aunque sus propuestas fluctuaban de acuerdo con el momento político que atravesaran sus respectivos países. Para la mayoría de ellos, ha sido de vital importancia la experiencia adquirida en Europa y en Estados Unidos. El acceso a la lectura de los clásicos de la ilustración así como a la experiencia de ver en acción a las monarquías parlamentarias europeas y la república federativa de Estados Unidos, les dio un gran bagaje político que luego volcarían en sus escritos o en sus experiencias como gobernantes de las naciones independientes. Autores como Vicente Rocarfuerte, Fray Servando Teresa de Mier, Manuel Lorenzo de Vidaurre y Félix Varela son fieles representantes de estos intelectuales patriotas, escribiendo, comentando y traduciendo textos y documentos que promovían el sistema representativo y republicano.[33]

---

[31] Mónica Quijada, "¿Qué nación? Dinámicas y dicotomías de la nación en el imaginario Hispanoamericano", en Antonio Annino-Françcois-Xavier Guerra (coord.) *Inventando la nación*, pp. 291-292, 301-302

[32] Rafael Rojas, "Traductores de la libertad: el americanismo de los primeros republicanos", en Carlos Altamirano (director) *Historia de los intelectuales en América Latina*, Volumen I. Jorge Myers (editor del volumen) *La ciudad letrada, de la conquista al modernismo*, Katz Editores, Buenos Aires, 2008, p. 207

[33] Ibíd., pp. 205-206

La creación de las naciones y el antecedente del americanismo

En este contexto, se producen intentos de construir naciones desde cero, aunque en esta búsqueda se presenta la contradicción de querer asentar los orígenes de estas naciones en el pasado. Se producía así una paradoja que era crear de la nada una nación pero a su vez buscar legitimidad en un pasado que al mismo tiempo se rechazaba. Estos patriotas, "auténticos *nation-builders,* individuales e individualizables… "imaginaron" la nación que querían y a esa imaginación le aplicaron posibilidades de acción pública…"[34] Todo esto le daba un sentido indefinido al concepto de nación en Hispanoamérica en las primeras décadas del siglo XIX. Como señala Rafael Rojas, "las voces "América" y "americanos" fueron usadas por los primeros políticos de Hispanoamérica con singular polisemia."[35]

Es aquí donde resulta pertinente ver a qué se refieren estos autores cuando hablan de "nación americana", "independencia y libertad de América" o a la "ciudadanía de la América Septentrional". La idea de *americano* como diferente de lo *europeo,* en los primeros momentos pretende consolidar la idea de la separación de España. Este imaginario de *americano vs europeo* es lo que va a llevar a la búsqueda de la creación simbólica de una identidad hispanoamericana que comprendía todo el territorio desde el norte de México hasta el sur de Argentina. Esto se aprecia claramente en los escritos de Simón Bolívar, *Contestación de un americano meridional a un caballero de esta isla* de 1815 y en el *Discurso ante el Congreso de Angostura* de 1819, donde se aprecia un concepto de identidad más abarcador para todo Latinoamérica, en el cual se incluyen a Brasil, Haití, Jamaica y las demás islas del Caribe. Es aquí donde Bolívar interpreta a Latinoamérica como una región culturalmente diferenciable en Occidente, aunque ello no significa que desconociera su heterogeneidad interior. De hecho el mismo había delineado las diferencias existentes entre la Amé-

---

[34] Mónica Quijada, "¿Qué nación?", p. 288
[35] Rafael Rojas, "Traductores de la libertad", p. 207

rica Septentrional, la Meridional y la América del Sur en su *Contestación de un americano meridional o Carta de Jamaica* en la que se destaca que se trataba de fragmentos geográficos más que de identidades culturales contrapuestas como podría ser el caso de los Estados Unidos.[36]

De todos modos, es interesante apreciar que Bolívar proponía un parlamento latinoamericano con "representantes de repúblicas, reinos e imperios", lo cual significa que en su proyecto de integración no quedaran excluidos los gobiernos monárquicos, ya que en aquellos primeros momentos del proceso de emancipación no estaba clara cuál sería la forma de gobierno que adoptarían las nuevas naciones. Se aprecia que su postura, en cuanto a la organización gubernamental, era bastante flexible, algo que en muchos casos se interpretó como contradicciones en sus propuestas, así como las de otros intelectuales contemporáneos a él. Pero en realidad podríamos decir que se trataba de algo lógico dentro del contexto de incertidumbre e inestabilidad política en la que vivía Hispanoamérica.

Un ejemplo de esto es el Tratado de Unión, Liga y Confederación Perpetua entre México y Colombia, firmado en octubre de 1823, que en algunos de sus artículos sostenía que "ambas naciones anunciaban sus propósitos de extender dicho pacto a los "demás estados de la América antes española" y a convocar a una Asamblea General de Estados Americanos... Aunque en el texto de aquel Tratado, los firmantes se cuidaban de referirse a México como nación y no como república", ya que en ese momento todavía no se sabía que forma de gobierno adoptaría México.[37] Algo similar pasaba en otras regiones de Hispanoamérica, donde si bien se prefería el sistema republicano, todavía no se podía descartar definitivamente la opción de establecer monarquías constitucionales, aunque esta postura sería cada vez más minoritaria a medida que avanzamos en la década de 1820.

---

[36] Ibíd., pp. 208-209. En el próximo capítulo analizaremos en detalle la visión de José del Valle sobre este tema.

[37] Ibíd., pp. 210, 212

Los fundamentos en favor del sistema republicano

La opción por el sistema republicano se fue afianzando cada vez más en Hispanoamérica a la luz de los resultados que el mismo mostraba en los Estados Unidos. Este país fue, de alguna manera, el ejemplo que empezaron a mirar muchos países de la región a la hora de volcarse definitivamente por la forma republicana en lugar de alguna alternativa monárquica que todavía estaba presente en la mente de algunos patriotas. Quienes impulsaron este republicanismo constitucional temprano fueron los intelectuales y políticos hispanoamericanos que compartían un ideario en común como ser: "autonomismo criollo, liberalismo gaditano, separatismo, masonería, republicanismo". Son personas que comparten las lecturas de Suárez y Vitoria, pasando por Grocio y Filangieri, para finalizar con las de Montesquieu, Rousseau, Paine y los federalistas norteamericanos.

La propuesta de estos letrados hispanoamericanos coincidía en cuatro principios como ser: la soberanía popular, el gobierno representativo, la elección de la primera magistratura y los derechos de los ciudadanos. Así las cosas, no es casualidad que la estrategia *bolivariana* y *monroista* coincidiera con la de estos intelectuales patriotas que defendían la forma republicana de gobierno para Hispanoamérica. Muchos de ellos promovieron una transición a partir del "trienio liberal" en España desde donde comenzaron a radicalizar más su postura en favor de la independencia y de la forma republicana de gobierno, al tiempo que se iban alejando del *fernandismo*.[38]

De hecho,

> ... en la época de la revolución la búsqueda de argumentos capaces de proporcionar legitimidad a la emancipación de la metrópoli implicó una ruptura simbólica con el tiempo anterior a la propia revolución. Este pasado fue definido como monárquico, inquisitorial y colonial, o sea como una triple sujeción que, una

---

[38] Ibíd., pp. 213,215, 219

vez lograda la independencia, se volvió una herencia indeseable por esos tres mismos motivos…[39]

Los encargados de llevar adelante esta transformación en el imaginario colectivo de la sociedad post-colonial fueron los hombres de letras hispanoamericanos que vinieron a encarnar el ideal republicano-liberal que se haría presente en el resto del siglo XIX, donde se comenzaron a promover proyectos de carácter modernista en los que la "civilización" se abriría paso ante la barbarie. Se buscaba, así, a través de la difusión de la educación, la sociabilidad y la modernización de las costumbres, un acercamiento cultural a las naciones civilizadas como Francia e Inglaterra.[40]

¿De dónde provienen estos letrados?

Ahora bien, cuál era el origen de estos hombres de letras encargados de motorizar la formación del nuevo ideario nacional independentista.

Lógicamente, uno no puede pretender que de un día para otro surjan nuevos actores políticos que nada tenían que ver con las costumbres políticas coloniales, ni que fueran ajenos a las familias tradicionales que a lo largo de décadas fueron los detentadores del poder bajo el predominio de la corona española. Como señala Lempérière, "los letrados de la época colonial y los publicistas de la era independiente compartieron por lo menos un rasgo común: el monopolio de la palabra escrita e impresa fue a lo largo del período el sustrato imprescindible de su pretensión a ejercer un magisterio sobre la sociedad."[41]

Por su parte, y en el mismo sentido, Myers sostiene que estos hombres de letras pertenecientes al clero y al derecho en el período colonial fueron el "semillero de intelectuales" que a partir de

---

[39] A. Lempérière, "Los hombres de letras hispanoamericanos y el proceso de secularización (1800-1850)", en Carlos Altamirano (director) *Historia de los intelectuales en América Latina*, Volumen I. Jorge Myers (editor del volumen) *La ciudad letrada, de la conquista al modernismo*, Katz Editores, Buenos Aires, 2008, p. 243
[40] Ibíd., p. 245
[41] A. Lempérière, "Los hombres de letras hispanoamericanos…", p. 247

1810 se convertirían en publicistas doctrinarios.[42] Por este motivo, no debe sorprender que hombres que en un momento aparecen defendiendo la corona al poco tiempo aparezcan encabezando los movimientos emancipadores. Era la misma gente que debía adaptarse a los cambios internos y externos, sin que ello implique necesariamente traición o falta de escrúpulos políticos.

Es más, los cambios que se están produciendo a partir de 1808, llegan acompañados por una ampliación de la esfera pública desde la cual se hacen las manifestaciones políticas e ideológicas en la región. La actividad de estos patriotas ilustrados no hubiera sido posible de no haberse dado una apertura en el ámbito de la publicación escrita. Inclusive antes de la invasión napoleónica a España, ya había muestras de una ampliación de los canales de comunicación de las nuevas ideas. Muchas veces, la prensa escrita crecía aún a pesar de la censura que pretendía ejercer la autoridad colonial. Esto fue posible por el surgimiento de nuevos ámbitos de lectura fuera de los ya tradicionales dominados por la Iglesia y el Estado. Ahora aparecen y se difunden las tertulias, las asociaciones literarias y de amigos del país, así como los cafés literarios. Si bien estos espacios se fueron abriendo paso lentamente, con sus idas y venidas, permitieron esbozar nuevos ámbitos de debate que a la larga darían vida a periódicos y publicaciones que en su momento rompían con el orden establecido durante el período colonial.[43]

Estos hombres de letras de la generación revolucionaria tuvieron una posición ambivalente, ya que por un lado fueron muy críticos con respecto a las costumbres de la época colonial, pero al mismo tiempo también rescataban la importancia de las jerarquías surgidas en ese período. Esto tenía lógica ante la posibilidad

---

[42] Jorge Myers, "Introducción al volumen I. Los intelectuales latinoamericanos desde la colonia hasta el inicio del siglo XX", en Carlos Altamirano (director) *Historia de los intelectuales en América Latina*, Volumen I. Jorge Myers (editor del volumen) *La ciudad letrada, de la conquista al modernismo*, Katz Editores, Buenos Aires, 2008, pp. 35-36

[43] Jorge Myers, "Introducción al volumen I.", p. 38 y Annick Lempérière, "Los hombres de letras hispanoamericanos…", p. 247

de la incursión en la arena política de sectores bajos que de un día para otro podrían presentar demandas de cambios radicales, tal como había sucedido durante la Revolución Francesa. El equilibrio que debieron hacer los letrados, entre pasado y presente, los llevó a posiciones incomodas y de difícil justificación, aunque al mismo tiempo les permitía sostener el gradualismo en las reformas propuestas y en el carácter restrictivo de las mismas, al menos hasta comienzos de la cuarta década del siglo XIX.[44] Es por esto que resulta común encontrar contradicciones o inconsistencias en las propuestas de muchos de estos letrados ya que están escribiendo en medio de un contexto de cambios permanentes, en el cual las referencias políticas y la legitimidad de las mismas es totalmente incierta. Si bien en la mayoría de los casos compartían un ideario republicano liberal, en muchas situaciones temían que la apertura amplia del juego político a todos los sectores de la sociedad podría acarrear males impredecibles.

Lo europeo vs lo criollo

A medida que se suceden los acontecimientos tanto en Europa como en América, comienza a estar más claro hacia finales de la segunda década del siglo XIX que el territorio americano que perteneciera a la corona española se encaminaba hacia la independencia. Se planteaba entonces a estos patriotas el debate sobre cuál sería la forma de gobierno y qué tipo de unidad territorial se debería adoptar en las nuevas naciones independientes. Se trataba de una nación americana o de diversas naciones que se liberaban de un dominio común en manos del monarca español.

En España la mayoría de las élites gobernantes pensaban la monarquía como unitaria; en América se la asimilaba como una dualidad compuesta de un pilar europeo y otro americano.[45] Esta doble dimensión entre europeos y criollos era una tensión que ya estaba latente desde antes del proceso revolucionario. De hecho, las propias *reformas borbónicas* del siglo XVIII habían reavivado el

---

[44] A. Lempérière, "Los hombres de letras hispanoamericanos…", p. 249
[45] François-Xavier Guerra, "El ocaso de la monarquía hispánica:", p. 129

enfrentamiento entre las élites criollas y las europeas en Hispanoamérica.

Este conflicto se agudizó con la invasión francesa a España ya que puso en el tapete el debate por la representación de América en las cortes españolas que se habían convocado. De alguna manera, la discusión dejó de ser teórica y se convirtió en un problema político que había que resolver. Con el monarca en prisión la soberanía volvía a la comunidad y en consecuencia había que decidir cómo esa comunidad sería representada. La Junta Suprema Central Gubernativa con su decreto del 22 de enero de 1809 que convocaba a los americanos a participar de las cortes, establece un hito fundamental en este asunto, ya que es "una declaración solemne de la igualdad política entre España y América". Aquí se plantea una de las paradojas de las que hablamos en páginas anteriores, ya que los patriotas americanos que se mostraban disconformes por la representación que se les asignaba en las cortes españolas, no promovían el mismo tipo de representatividad en sus sociedades, ya que la mayoría de la población americana perteneciente a las clases medias y bajas quedaba excluida del juego político. Por lo general, las élites americanas prefirieron mantener sus privilegios antes que ampliar la participación política a estos sectores de la sociedad hasta entonces excluidos.[46]

Esta tendencia conservadora en cuanto a la participación política en el territorio colonial comenzaría a cambiar con la irrupción francesa en la península ibérica. Las élites locales se vieron empujadas a promover cambios más inclusivos en la arena política, aunque siempre tuvieron cuidado de que los mismos fueran graduales y controlados desde el poder por temor a los excesos de las clases bajas. Estos cambios promueven la aparición de una nueva opinión pública moderna que iría delineando los debates centrales que ocuparían gran parte de las siguientes décadas en Hispanoamérica.

---

[46] Ibíd., pp. 130-134

La nación y la desintegración

Para estos letrados políticos de la emancipación, la nación era "una asociación voluntaria de individuos iguales, sin ninguna distinción de pertenencia a pueblos, estamentos y cuerpos de la antigua sociedad", donde se destacan la libertad individual, los derechos del hombre y la igualdad ante la ley. En su propuesta se plantea la idea de crear una sociedad desde los cimientos, erradicando todo vestigio del pasado.[47] De todos modos, el régimen que intentan construir está basado en el ejercicio de la soberanía practicado por los representantes del pueblo. En esto, nuevamente, se aprecia la ambigüedad de estos revolucionarios que pretenden romper con el antiguo régimen pero que al mismo tiempo buscan acotar el nivel de participación de las clases bajas y medias.

Dentro de este ámbito también se va a plantear otro de los temas centrales en el debate revolucionario como ser la cuestión de la unidad territorial hispanoamericana. Cuando la Junta Central se disuelve y es reemplazada por el Consejo de Regencia, los encargados de los gobiernos provisionales en América no lo reconocen como autoridad soberana. A partir de ese momento algunas regiones comenzarán a constituir Juntas locales (Caracas y Buenos Aires entre las más destacadas en Sud América), lo cual llevaría a una paulatina desaparición del vínculo que tenían con España revirtiendo, de este modo, la soberanía a los pueblos americanos. Aun cuando la creación de juntas locales no significaba una declaración de la independencia, sí se podría comenzar a vislumbrar un incipiente proceso de desintegración territorial ya que no todas las regiones respondían de la misma forma ante los hechos que tenían lugar en la península. En este sentido, es importante destacar que tanto México, Perú como Centro América se mantuvieron cercanos al Consejo de Regencia, mientras que en el resto de Sudamérica la tendencia fue a tomar distancia de este.[48]

---

[47] Ibíd., p. 138
[48] Ibíd., pp. 141-142

Llegados a este punto, las Cortes de Cádiz, de las que saldrá la constitución monárquica de 1812, abren una nueva época tanto en España como en América. A partir de ese momento se dan una serie de reformas que terminan con el antiguo régimen, introduciendo cambios sociales, políticos y económicos, que dejan atrás el pasado y abren la puerta a un imaginario de modernidad fundado en una sociedad en la que los individuos son fundamentales. De todos modos, estos cambios no fueron interpretados de la misma manera en España y en América, ya que para los españoles las cortes de Cádiz referían a un mundo hispánico unificado bajo el control de los peninsulares, mientras que para los criollos americanos se planteaban dos problemas centrales: primero, el tema de la continuidad territorial, es decir, cómo lograr que un territorio tan amplio quedara incluido bajo un nuevo gobierno (provisional o no) sin poder contar con identidades culturales sólidas; segundo, la Constitución planteaba un sistema monárquico mientras que para muchos de los patriotas criollos este sistema parecía cada vez menos viable a la luz de las más atractivas propuestas republicanas que ellos mismos promovían.

Nuevamente, acá como en tantos otros aspectos analizados en este trabajo, no es sencillo hacer una clasificación tajante, ya que no había uniformidad de criterio entre los patriotas criollos ni entre las regiones que componían los virreinatos. Encontramos acá una sustancial diferencia entre lo que podríamos llamar *patriotas lealistas* que están más de acuerdo con seguir lo que se decida en España, y *patriotas insurgentes* que se inclinan más por seguir el modelo de Estados Unidos.[49]

Otro factor importante en el comportamiento de estos patriotas es el hecho de que los acontecimientos políticos que provocan todos estos cambios en América, los toman por sorpresa ya que no los habían previsto. Por ello, la reacción de estos antes los hechos consumados muchas veces es impredecible hasta para ellos mismos. Muchos de los problemas que se presentan a partir de 1810 no son de fácil solución, y ni siquiera se los había pensado

---

[49] Ibíd., pp. 146-150

como de probable ocurrencia. Guerra al referirse a esta circunstancia sostiene que, "la necesidad de crear unidades políticas inéditas refuerza la aspiración a crear una sociedad nueva, típica de la modernidad de ruptura, y hace que la época de la Independencia sea un período de gran creatividad en todos estos campos."[50]

La identidad hispanoamericana y la desintegración territorial

¿Cuál sería, entonces, esta identidad hispanoamericana? Aquí Guerra hace una distinción entre los elementos que remiten al imaginario político, a los que él llama *identidad política*, y los que remiten a la lengua, temperamento, sangre, religión, etc. que los llama *identidad cultural*. Para el autor, lo que ha predominado en el proceso independiente de Hispanoamérica es el esquema político por sobre el cultural, aunque a este último, por lo general, se le dio más preponderancia en los estudios historiográficos tradicionales.[51] Esto último tiene su explicación en que se bien la nación es producto de una creación moderna, lo que le daría sustento y fuerza es la idea de continuidad en el tiempo, de este modo la nación que surge a partir de la independencia encuentra su legitimidad en lazos culturales que son más fuertes que los políticos.[52]

Las nuevas naciones que se construyen devienen de una herencia común que es la América Hispánica compuesta por una cantidad de grupos étnicos, lingüísticos y culturales, pero que no son suficientes para atribuirles el carácter de nacionalidad. En realidad, "podríamos decir que el problema de América Hispánica no es el de diversas nacionalidades que van a llegar a formar un Estado, sino el problema de construir "naciones" separadas a partir de una misma "nacionalidad" hispánica." En Hispanoamérica se produce "la ruptura de un conjunto político plural dotado, sin embargo, de una gran homogeneidad cultural."[53] En este sentido,

---

[50] Ibíd., p. 150

[51] François-Xavier Guerra, "Las mutaciones de la identidad en la América hispánica", en Antonio Annino y Françcois-Xavier Guerra (coord.) *Inventando la nación*, p. 186

[52] Mónica Quijada, "¿Qué nación?", p. 289

[53] François-Xavier Guerra, "Las mutaciones", p. 187

la estructura política de América es muy similar a la de Castilla, esto quiere decir que la ciudad como entidad política precede a todas las demás; y esto es lo que se ve reflejado al momento de la emancipación. Los reinos, por su parte, son producto de la conquista de los imperios indígenas, lo cual lleva a que su constitución sea algo que viene impuesto más que aceptado voluntariamente. Como sostiene Guerra, "el reino, al igual que la nación moderna, es ante todo una comunidad imaginada, cuya construcción exige, por lo tanto, tiempo."[54] Esto presentará una gran dificultad a la hora de establecer los límites territoriales de las nuevas naciones que surjan en Hispanoamérica con la desintegración del imperio español.

Por su parte, las ciudades son comunidades humanas y políticas más constantes y permanentes en el tiempo. "Se trata, pues, de comunidades tendencialmente completas, pequeñas "repúblicas", potencialmente ciudades-Estados,.." que ante la falta de una autoridad centralizada que las una, volverán a su natural tendencia al localismo, lo cual ha sido catalogado como uno de los males del continente.[55] No son pocos los que han promovido, como veremos en este trabajo, proyectos para mantener la integridad hispanoamericana después de la emancipación, sin tener en cuenta que en América hay pluralidad de identidades políticas.

Los críticos de la condición de americano

Pero además, podemos encontrar otra fuente de americanidad, la cual tiene su origen no tanto en el continente sino más bien en una serie de escritos provenientes de Europa en los cuales se presenta a los americanos como seres inferiores. El ataque de un sector de los filósofos ilustrados europeos llevó a una respuesta *americanista* de carácter defensivo en su origen, pero que pronto se convirtió en un intento de presentar a Hispanoamérica como el territorio destinado a convertirse en una región con un futuro promisorio. Nuevamente, en este caso se presenta una contradic-

---

[54] Ibíd., pp. 189-192
[55] Ibíd., p. 194

ción entre lo que se proyecta y las formas en las que esa proyección se lleva a cabo. La revalorización de lo autóctono es llevada a cabo por criollos, "cuyo estatuto social superior en la sociedad procede de su condición de "españoles", descendientes de los conquistadores y pobladores de las Indias, en contraposición con los pueblos conquistados."[56] De todos modos, este también fue un indicador del sentimiento de *americanidad* que comenzó a aflorar con la invasión napoleónica a España. La acefalía política en la península provocó un debate sobre el origen del poder político y la soberanía en América. "Es entonces cuando la *nación* irrumpe en plena luz como referencia central e insoslayable del discurso político. Y con ella, otras figuras identitarias –*patria, pueblo, pueblos, reino-*…".[57]

Los patriotas letrados comenzarán a escribir sobre una patria que remite a un marco de referencia concreto que es en el que habían vivido hasta ese momento, es decir la Monarquía y la unidad política que la misma representó durante tres siglos. "La *nación-patria* que invocan es a la vez una realidad política, moral y espiritual que sobrepasa toda identidad particular", aunque a medida que se van manifestando, comienzan a dar muestras de las peculiaridades que tiene cada una de las regiones, resaltado de este modo una pluralidad política que será clave a la hora de dirimir el tema de la creación de las nuevas naciones hispanoamericanas. "Nadie habla en nombre de un virreinato, de una gobernación, de una intendencia o de una audiencia, sino en nombre de los "pueblos": de un reino, de una provincia, de una ciudad. Contrariamente a la visión administrativa y unitaria del "absolutismo", lo que aparece en todos los sitios con fuerza es el viejo imaginario plural de la época de los Austrias."[58]

De hecho, el debate sobre la categoría política que asumiría el territorio americano se pone de manifiesto en el rechazo que expresan los diputados americanos al trato de *colonia* que se le da a

---

[56] Ibíd., pp. 203-204

[57] Ibíd., p. 204

[58] Ibíd., p. 205

los territorios hispanoamericanos representados en las Cortes de Cádiz. Este rechazo se hace a la luz de que los representantes americanos consideran que son parte de integrante de una única nación, cuyos pueblos deben tener igualdad de derechos y representación en las Cortes. Pero como esta demanda de igualdad no recibe aceptación en Cádiz, a lo que se le suma el estado de indefensión de España bajo el dominio napoleónico, entonces se genera en América un proceso de reversión de la autoridad donde ya "no se trataba, pues, de americanos y europeos unidos e iguales en la "nación española", sino de la "nación americana" que ofrecía a sus "hermanos españoles" formar parte de ella según determinadas condiciones... esa inversión implicaba un desplazamiento de lealtades – de la "nación española" a la "nación americana"- que al entrar en interacción dialéctica con el concepto más restringido de "patria" afectaba no sólo a los españoles sino a los propios americanos..."[59]

Esta contradicción entre unanimidad y pluralidad política se va a profundizar a la hora de tener que legitimar los nuevos gobiernos independientes. Cómo se construye la nueva soberanía, quiénes son los portadores de la misma y cuáles son los mecanismos adecuados para canalizarla, son debates que se irán dando a lo largo de las décadas posteriores a la declaración de la independencia en los distintos territorios que pertenecieron a la corona española. La necesidad de distinguirse del amo ibérico llevó a los americanos a ir cambiando los términos en los que se referían hacia *el otro* por los de *españoles* y *americanos*. En esto también se puede apreciar una toma de conciencia de la singularidad de lo que representa ser americano como algo diferente a lo español.

La identidad americana de ese momento no tenía más sustento que la diferenciación entre americanos y europeos. De ahí que la nación que se plantean es una nación política con un gobierno propio e independiente de cualquier otro gobierno que tenga su sustento en España. A partir de ahí todas las naciones que surjan se consideran iguales entre sí e intentarán lograr algún tipo de

---

[59] Mónica Quijada, "¿Qué nación?", pp. 294-295

unión a través de pactos y negociaciones. En este sentido "construir la *nación* equivalía a una verdadera invención"; y por esta razón el resultado de esta *invención* tenía, por cierto, sustentos impredecibles y un futuro incierto, que además se profundizaba por la inmensidad del territorio hispanoamericano.[60]

Lo que obraría la unificación de elementos dispares y carentes de cohesión en lo que luego llegarían a ser las unidades nacionales sería la adopción de un sistema de instituciones y leyes modernas orientadas conseguir el bienestar general. "Si el despotismo había generado siervos, la libertad generaría ciudadanos libres, iguales en derechos, artífices del progreso de la comunidad… En el imaginario independentista la patria era la libertad, y la libertad se proyectaba sobre todos, fueran criollos, fueran indígenas, fueran esclavos."[61] En este contexto operaban como agente modernizador y unificador las constituciones escritas que se fueron redactando en cada uno de los países independientes.

---

[60] François-Xavier Guerra, "Las mutaciones", pp. 213-219
[61] Mónica Quijada, "¿Qué nación?", p. 307

Capítulo 3: La propuesta continental de Valle

Las propuestas de convocar a un Congreso Continental y de integración americana están presentes en el pensamiento de José del Valle y ha dejado constancia de ambas en diferentes escritos y manifestaciones públicas. De todos modos, llama la atención que las mismas no hayan alcanzado la difusión ni la repercusión internacional que sí han logrado las de contemporáneos suyos como Monteagudo, Bolívar y Alamán, entre otros.[62] En este capítulo haremos hincapié en sus propuestas y analizaremos cómo se relacionan las mismas con las realizadas por los mencionados autores; así como también veremos qué objetivos buscaba Valle y qué plausibilidad de concreción tenían sus ideas.

Como hemos señalado en el capítulo anterior, uno de los temas que estuvieron presentes en el ideario político de los patriotas de la independencia fue el de la "nación americana". Desde los primeros momentos de la emancipación uno de los conceptos que rápidamente permitió distinguir a América como algo diferente de España fue precisamente el desarrollo de un ideal *americano* diferente al *europeo* o más precisamente del *ibérico*. Esto llevó a la búsqueda de un simbolismo hispanoamericano que remitiera a la unidad territorial, política y cultural desde México a Tierra del Fuego. Ya hemos destacado que ese ideario era muy difícil de concretar en la práctica ya que había múltiples factores que hacían

---

[62] Otras propuestas de similares características son las de Juan de Egaña, Bernardo O'Higgins, Pedro Gual y Andrés de Santa Cruz.

inviable esa idea de una unión continental. De todos modos, nuestros patriotas esbozaron proyectos (algunos de los cuales, como el de Bolívar, llegaron a ver la luz por un breve tiempo) que tenían más de simbólico y voluntario que de real y plausible. Nuevamente, es importante tener presente que nuestros próceres eran conscientes de las diferencias que había en el continente hispanoamericano aunque ello no quita que en su esquema de pensamiento el intento de formular algún tipo de unión americana podría servir como barrera a los intentos de reconquista que todavía estaban en consideración en la corona española.

Antes de analizar brevemente el proyecto de Simón Bolívar, es importante a los fines de este estudio sobre José del Valle, detenerse en el viaje que hiciera Bernardo de Monteagudo a la ciudad de Guatemala para entrevistarse con Valle cuyo escrito sobre la unión americana publicado en El Amigo de la Patria en marzo de 1822 había llegado a oídos de Monteagudo. Éste, quien fuera durante un tiempo una de las personas más cercanas a Bolívar, llegó a considerar el texto de Valle como un plan perfectamente concebido para llevar adelante la idea de una unión de países hispanoamericanos.[63] Así lo sostiene en su *Ensayo sobre la necesidad de una federación general entre los estados hispanoamericanos*:

"Independencia, paz y garantías: estos son los grandes resultados que debemos esperar de la asamblea continental, según se ha manifestado rápidamente en este ensayo. De las seis secciones políticas en que está actualmente dividida la América llamada antes española, las dos tercias partes han votado ya en favor de la liga republicana. México, Colombia y el Perú han concluido tratados especiales sobre este objeto, y sabemos que las provincias unidas del centro de América han dado instrucciones a su plenipotenciario cerca de Colombia y el Perú para acceder a aquella liga. Desde el mes de marzo de 1822, se publicó en Guatemala, en el *Amigo de la Patria,* un artículo sobre este plan escrito con todo

---

[63] Máximo Soto Hall, "Dos grandes apóstoles del panamericanismo: Bernardo Monteagudo y José Cecilio del Valle", en *Anales de la Sociedad de Geografía e Historia de Guatemala*, T. III (1826-1827), Guatemala, 1926, p. 5

el fuego y elevación que caracterizan a su ilustrado autor el señor Valle. Su idea madre es la misma que ahora nos ocupa: formar un foco de luz que ilumine a la América; crear un poder que una las fuerzas de catorce millones de individuos; estrechar las relaciones de los americanos, uniéndolos por el gran lazo de un congreso común, para que aprendan a identificar sus intereses, y formar a la letra una sola familia. Tenemos fundadas razones para creer que las secciones de Chile y el Río de la Plata deferirán también al consejo de sus intereses, entrando en el sistema de la mayoría, como el único capaz de dar a la América, que por desgracia se llamó antes española, independencia, paz y garantías."[64]

En enero de 1824 Monteagudo finalmente se encuentra con Valle quien para esa fecha regresó desde México donde había acudido a mediados de 1822 para formar parte del Congreso de aquel país en el período en el que Centroamérica se mantuvo anexada a la nación mexicana entre enero de 1822 y junio de 1823. En ese breve encuentro seguramente estos dos patriotas tuvieron tiempo de hablar sobre la idea de un congreso americano. En febrero de 1824, Monteagudo, a pedido de Bolívar regresaría a Perú, pasando previamente por El Salvador para entrevistarse con otro patriota centroamericano como la era el Doctor Pedro Molina.[65] Este viaje de Monteagudo y su estrecha relación con Bolívar, nos permite especular que éste llegara a tener conocimiento de las ideas de Valle sobre la posibilidad de una unión americana. De hecho, Monteagudo comenzó a escribir el *Ensayo sobre la necesidad de una federación general entre los estados hispanoamericanos* poco tiempo antes de morir asesinado el 28 de enero de 1825, lo que provocó que el texto quedara inconcluso.

De todos modos, la propuesta más conocida sobre un congreso americano es la de Simón Bolívar quien entre 1822 y 1824

---

[64] Bernardo de Monteagudo, *Ensayo sobre la necesidad de una federación general entre los estados hispanoamericanos*, UNAM, por lo general, México, DF, 1979, p. 14

[65] Máximo Soto Hall, "Dos grandes apóstoles del panamericanismo: Bernardo Monteagudo y José Cecilio del Valle", en *Anales de la Sociedad de Geografía e Historia de Guatemala*, T. III (1826-1827), Guatemala, p. 11

promovió la firma de tratados bilaterales entre la Gran Colombia y los gobiernos de México, Perú, Chile y Buenos Aires para lograr acuerdos de "unión, liga y confederación perpetua" entre las naciones hispanoamericanas que surgían de la caída del Imperio Español. Finalmente, el día 7 de diciembre de 1824 Bolívar convoca desde Perú al Congreso de Panamá. Si bien originalmente su proyecto no incluía a países como Brasil y Estados Unidos (entre otras cosas porque Bolívar temía el expansionismo norteamericano), cuando se pone en marcha su idea en 1825, estos países serán invitados.

La reunión se inicia el 22 de junio de 1826 con la presencia de Centroamérica, Perú, Colombia y México, y al finalizar sus sesiones el 15 de julio del mismo año, se firmó un tratado de unión, liga y confederación perpetua para conservar la soberanía ante toda dominación extranjera. La idea del tratado era evitar enfrentamientos y organizar un ejército común, además de otorgar la ciudadanía a todo hispanoamericano que residiera en otra república que no fuera la suya.[66]

Como se sabe, el Congreso fue perdiendo fuerza a medida que pasaban los meses y sus decisiones quedaron sin efecto. Aunque vale plantearse si uno de los motivos principales por los que se promovió su reunión, a saber rechazar una eventual reconquista española de sus ex colonias, fue un éxito.

Por su parte, Lucas Alamán, ministro de Relaciones de México, promovió una asamblea general americana en 1830. Su objetivo iba más en el sentido de promover el comercio y la defensa común, destacando en su invitación la comunidad de intereses entre los países hispanoamericanos. Entre sus invitados estaban Perú, Bolivia, Chile, Colombia y Centroamérica. Lamentablemente, esta convocatoria tampoco tuvo éxito. Quizás en este caso una explicación la podemos encontrar en el hecho de que la amenaza de reconquistas española había casi desaparecido, y por el

---

[66] Josefina Zoraida Vázquez, "Una difícil inserción en el concierto de las naciones", en Antonio Annino y Françcois-Xavier Guerra (coord.) *Inventando la nación. Iberoamérica. Siglo XIX*, Fondo de Cultura Económica, México, DF, 2003, p. 273

otro, que las naciones independientes de Hispanoamérica se encontraban en guerras entre ellas, por problemas limítrofes, y en guerra civiles entre facciones en disputa por ver quién tomaría el control político de cada una de las nuevas naciones. Ambos problemas ocuparían las siguientes décadas del siglo XIX. Por ejemplo, en el caso de límites entre México y Centroamérica que se disputaron territorio a partir de la independencia de ambos países en 1821, recién se lograron negociar en 1886.[67]

Como se ve, la preocupación de lograr la integración hispanoamericana fue un tema de difícil solución hasta el presente. La mayoría de los pactos y acuerdos que se han firmado entre países de la región desde la época de la independencia en adelante han tenido un éxito acotado y por lo general no van más allá de las buenas intenciones, enfrentándose casi siempre a los obstáculos nacidos de la diferencia de intereses de los miembros firmantes. En las páginas siguientes, analizaremos más en detalle la propuesta integracionista esbozada por José del Valle en diversos escritos y veremos cómo era su concepción de Hispanoamérica.

Como dato introductorio al tema, podemos decir que para Valle existía una *patria chica* que remitía al lugar de nacimiento, que a su vez se integraba a una *patria grande,* o federación, en la cual las distintas regiones se unirían en un plano de igualdad. En su enfoque, la *patria grande* era Hispanoamérica o Centroamérica y la *patria chica* estaría representada por Honduras, Guatemala, Costa Rica y el resto de las regiones. De acuerdo con su visión, las diferencias y fricciones que existían entre ambas *patrias* se irían limando con el transcurrir del tiempo, permitiendo que sus habitantes vivieran unidos en un territorio amplio y común. Para llevar adelante este proceso, Valle "daba prioridad a la pertenencia global sobre la local, la patria grande por sobre la chica sin negar ninguna de ambas."[68]

---

[67] Ibíd., pp. 273-276

[68] T. García Giráldez, "El debate sobre la nación y sus formas en el pensamiento político centroamericano del siglo XIX", en María Elena Casaús Arzú y Teresa

La Patria Americana de Valle

Para analizar las propuestas y proyectos americanistas de Valle optamos, dentro de lo posible, por seguir el orden cronológico en el que fueron apareciendo los textos en los que el pensador centroamericano ha ido manifestando sus ideas. Ello nos permitirá apreciar también cómo ha sido la evolución de su pensamiento al respecto.

Los Diálogos

Hacia el año 1820 se comienza a percibir en Centroamérica un tiempo de cambio impulsado por los acontecimientos acaecidos en España con el triunfo del levantamiento de orden liberal que impuso a Fernando VII la reinstauración de la Constitución de Cádiz de 1812. Así las cosas, en 1821 Valle publicó una serie de cuatro artículos llamados *Diálogos de diversos muertos sobre la independencia de América.*[69] La peculiaridad de estos es que en ellos Valle abandona su estilo moderado para permitirse una prosa mucho más radicalizada y directa de la que lo caracterizó a lo largo de su vida. En los *Diálogos* Valle habla a través de personajes de la historia universal, a los que les hace decir cosas que el mismo no se animaba a decir en primera persona. Este artilugio literario lo ponía a salvo de posible represalias inmediatas o futuras, ya que los diálogos imaginarios no dejaban de ser una ficción. De todos modos, el contenido de estos está dentro de lo que era la argumentación ilustrada de Valle sobre lo que fue el gobierno colonial y el derecho que asistía a los americanos a optar por un gobierno independiente, aunque no se puede negar que el modo en que presenta sus ideas contrasta claramente con la mayoría de los escritos de Valle que son de un carácter más moderado y gradua-

---

García Giráldez, *Las redes intelectuales Centroamericanas: un siglo de imaginarios nacionales (1820-1920)*, F&G Editores, Guatemala, 2005, pp. 51-53

[69] Una reproducción reciente de estos *Diálogos* se puede encontrar en: Alejandro Gómez, *José del Valle. Un ilustrado centroamericano*, Instituto Democracia y Mercado-UFM, Santiago de Chile, 2010. De todos modos, para este trabajo utilizamos la versión digital de: *José Cecilio del Valle. Obra Escogida*, Biblioteca Ayacucho, Caracas, 1982

lista. En estos *Diálogos* Valle presenta los argumentos americanos a favor de la independencia y desarrolla en los mismos las características comunes que tienen los americanos y el derecho que les asiste, así como la legitimidad, en el reclamo de poder gobernarse a sí mismos que tienen los habitantes del continente. El primer Diálogo *es entre Cristóbal Colón y J.J. Rousseau.* En este imaginario encuentro, Rousseau le explica a Colón todos los males que se desataron con la conquista del continente americano. Dice Rousseau refiriéndose a América:

"Pero tu descubrimiento fue funesto para la especie entera. Los españoles, los ingleses, los portugueses, los franceses, los rusos se volvieron, fueron conquistadores inhumanos. La fuerza holló todos los derechos y sacrificó lo más sagrado. Un mundo entero fue víctima de la ambición y codicia. Epimeteo abrió la caja de Pandora, y todas las enfermedades que afligen al hombre salieron de ella, y se propagaron por la tierra. El europeo abrió los minerales de América; y el oro y la plata, derramándose por el mundo, corrompieron a todos los hombres. Guerras sucesivas en Europa: tiranías horrorosas en América, han sido el cuadro triste del universo. Se subyugó al americano para gozar de sus riquezas; se hizo esclavo al africano para tener operarios que las extrajesen; se corrompió al asiático llevando a sus puertos las que se extraían; se degollaron unos a otros los europeos por ser poseedores exclusivos de ellas. El mundo entero sufre por tu falaz descubrimiento [le dice Rousseau a Colón]. ¡Qué hora tan triste aquella en que llegaste a hacerlo!"[70] Y a continuación le hace decir a Rousseau en referencia a la Biblia:

Pero en ese libro no hay una línea que legitime la fuerza ni aconseje la coacción. Jesús no dijo: *Conquistad para propagar el Evangelio; haced esclavos para hacer prosélitos… Enseñad,* dijo; *llevad las luces al universo entero.* Uno de los Padres publicó una verdad grande cuando manifestó *que la Fe no se ha de mandar sino per-*

---

[70] José Cecilio del Valle, "Diálogo Primero. *Cristóbal Colón y J.J. Rousseau*" en *José Cecilio del Valle. Obra Escogida,* Biblioteca Ayacucho, Caracas, 1982, p. 188

suadir. Hacer uso de la fuerza para extender la religión es hacer odiosa a la misma religión. Perseguir, matar, quemar para propagar el Evangelio, es ofender a la religión e insultar a la razón.[71]

La respuesta de Colón en el diálogo justifica el uso de la fuerza diciendo: "El fuerte es señor del débil. Las naciones poderosas han sido conquistadoras de las desvalidas. Esta es la marcha de la naturaleza"[72]. A lo que el imaginario Rousseau responde que la fuerza no legitima: "Elige el extremo que quieras. O es derecho la fuerza o no lo es. En el primer caso, América puede pronunciarse independiente, conquistar a España y hacer esclavos a los españoles porque su fuerza es mayor que la de la Península. En el segundo, la conquista de América es injusta y no da derechos a los europeos."[73] Y agrega en su decir este *Rousseau:* "Decir que un pueblo entero se someta espontáneamente, es suponer un pueblo de dementes; y la demencia no funda derechos. Aun permitiendo que cada uno pudiera enajenarse a sí mismo, es claro que no podría enajenar a sus hijos. Los hombres nacen libres. Si los caciques, mesaguales, etc., quisieron vender su libertad a Cortés y los Almagros, ¿tendrán derecho para sacrificar la de sus descendientes?"[74]

Claramente en este primer *Diálogo* Valle manifiesta cuál es su visión sobre la conquista y deja ver que su visión es sobre toda América, inclusive la parte Norte ya que refiere a rusos, ingleses y franceses también. De alguna manera, pone a todos los americanos en un pie de igualdad ante los atropellos de los conquistadores sin distinción de nacionalidad. Es interesante el argumento que presenta en cuanto al uso de la fuerza y cómo si la misma sirve como justificativo de conquista lo mismo podría suceder a los españoles si las colonias americanas decidieran invadir la península. En el segundo *Diálogo* entre *Hernán Cortés* y el *Barón de Montesquieu,* vuelve a presentar el mismo argumento. Al compa-

---

[71] Ibíd., pp. 188-189
[72] Ibíd., p. 189
[73] Ibíd., p. 189
[74] Ibíd., pp. 189-190

rar los estragos causados por la Corona española en México y cómo el Imperio de Moctezuma fue aniquilado por los conquistadores. En este punto Montesquieu dice a Cortés: "Enviaste a Moctezuma una gorra adornada con una medalla en que estaba la imagen de San Jorge… Le mandaste decir que eras embajador pacífico de un gran rey, y sin hostilidades querías tratar cosas muy importantes al mismo Moctezuma y su monarquía… Con astucias y engaños le llevaste de su palacio al cuartel de tus soldados; y teniéndolo con grillos, divulgabas que estaba libre… le obligaste al fin a decir que quería ser vasallo del rey de España y hacer esa declaración ante los caciques y grandes de su imperio."[75] En este punto, Valle hace un pie de página y dice "hay reproducción o generación de maldades. Cerca de 3 siglos después, Napoleón puso preso al rey de España, y le hizo abdicar la corona." Vuelve a utilizar aquí el argumento de que lo que es válido para España también lo es para América y que la fuerza no es legitimador del dominio.

El tercer *Diálogo* pone frente a frente a Carlos I,[76] quien gobernó durante la primera mitad del siglo XVI cuando se realizó gran parte de la conquista de toda América, con Carlos III perteneciente a la dinastía de los borbones, quien a mediados del siglo XVIII promovió una serie de reformas para modernizar y hacer más eficiente la economía de las colonias españolas en América. En estos diálogos, Carlos I se queja de las reformas impulsadas por Carlos III que traerán la ilustración a América, con lo cual los nativos comenzarán a reclamar sus derechos. Así le habla Carlos I a Carlos III: "Tú olvidaste el secreto de los reyes, Yo abrí los cimientos de una monarquía universal, y tú has abierto el abismo a donde irá a hundirse la de España. Fomentando la ilustración, los españoles recordarán sus fueros y libertades; habrá entre ellos y sus reyes y señores naturales una lucha peligrosa que al fin hará derramar sangre; pedirán primero cortes y querrán después Cons-

---

[75] José Cecilio del Valle, "Diálogo Segundo. *Hernán Cortés y el Barón de Montesquieu*" en Ibíd., p. 194

[76] Carlos I de España, también conocido como Carlos V de Alemania perteneciente a la Casa de los Habsburgo o Casa de Austria.

titución; se sucederán unas a otras las revoluciones; América aprovechará los momentos; pasarán a ella las luces odiosas de España… Para que existan los soberanos dueños de vidas y haciendas, deben ser ignorantes los pueblos; y para conservar América, debe haber Inquisición en España…"[77]

Pero Carlos III en este *Diálogo* presenta una concepción totalmente distinta y se pregunta: "Pero ¿será justo hacer infelices a centenares de pueblos para que sea absoluto un solo individuo? ¿Será justo privar de los bienes de la ilustración y riqueza a doce millones de españoles para mantener sometidas las Indias?"; y agrega: "Las Indias fueron en lo más secreto de mi gabinete el objeto más constante de mis pensamientos y los de Florida-Blanca…pero es preciso confesarlo. Los intereses de España no pueden conciliarse con los de América. La ilustración es el origen primero de todo bien. Si se protege en España, pasará el Atlántico y hará que los indios vean claros sus derechos… Conozcamos la verdad. Una nación no puede estar por muchos siglos sometida a un gobierno lejano. Es luchar contra la naturaleza que la ha separado por océanos y montañas… Si es necesaria la separación, debe elegirse el plan más humano y justo… La independencia no será entonces la reacción del oprimido que se vuelve con saña contra su opresor. Será la emancipación del hijo que llegando a la edad viril se aparta de la casa de su padre, reconocido a la beneficencia que supo darle educación y fuerzas."[78] En este *Diálogo*, Valle compara cómo fue el proceso independentista en otras regiones y considera que ha llegado la hora para la América española. Claramente está hablando a favor de la independencia y no deja dudas de la legitimidad de tal reclamo aún cuando en este caso lo hace a través de la figura de Carlos III. El continente comparte una historia común y ello es lo que lo hace distinto de la suerte de los españoles, ya es hora de marchar por sus propios medios dejando atrás años de abusos y atropellos.

---

[77] José Cecilio del Valle, "Diálogo Tercero. *Carlos I y Carlos III*" en Ibíd., pp. 199-200

[78] Ibíd., p. 201

En el último de estos *Diálogos,* entre Filántropo y Palemón, hace hincapié en lo injusto que es ejercer el gobierno desde regiones tan lejanas, lo cual lo convierte en algo antinatural, razón por la cual este hecho también estaría justificando el reclamo de independencia. A diferencia de los *Diálogos* anteriores, en este caso los dos interlocutores coinciden en que la independencia es una causa justa debido a la lejanía del gobierno central. Filántropo sostiene: "Existiendo el gobierno a larga distancia, el hombre injusto sabe que deprimiendo al desvalido no puede éste interponer los últimos recursos de la ley. Existiendo el gobierno en el centro de la nación, el que no respete la justicia conoce que si agravia al pobre, puede el ofendido elevar sus quejas en último grado. El poder del primero sofoca en el primer caso la voz del segundo. Pero los acentos de la naturaleza triunfan al fin proclamándose la independencia del gobierno lejano. El imperio de la Razón es grande: las causas que obran son constantes"; y agrega "La independencia de una nación regida por gobierno lejano es ley de la naturaleza, tan constante como todas las demás del mundo físico."[79] Por su parte Palemón afirma: "El marqués de Laplace escribió un Ensayo filosófico sobre las probabilidades; y en él dijo estas palabras que aprendí de memoria: "es contra la naturaleza de las cosas querer que un pueblo esté sometido a otro, separado de él por un océano vasto o por una distancia grande. Se puede afirmar que esta causa constante (la de la distancia) uniéndose sin cesar con las causas variables que obran en el sentido y desarrolla el curso del tiempo terminará al fin dando al pueblo sometido su independencia natural.""[80]

José del Valle a través de estos *Diálogos* se manifiesta claramente a favor de la independencia de toda la América española, pero lo hace por medio de estos personajes históricos, lo cual evitaría posibles represalias contra su persona, aunque al saberse quién publicó dichos *Diálogos* no sería muy complicado inferir

---

[79] José Cecilio del Valle, "Diálogo Cuarto. *Filántropo y Palemón*" en Ibíd., pp. 201-202

[80] Ibíd., p. 202

qué pensaba el autor de estos. Quizás podemos intuir cierta ingenuidad por parte de Valle al creer que estaba a "salvo" manifestándose por medio de estos personajes; o podríamos afirmar que en ese momento Valle ya no podía contener sus pensamientos para sí y necesitaba manifestarlos abiertamente y de forma contundente. Como hemos señalado, en estos escritos Valle se muestra mucho más contundente en cuanto a cuál es su posición con respecto a la legitimidad del reclamo independentista de toda América. Se aprecia aquí que no está refiriéndose solamente a Centroamérica sino que habla de todo el continente americano bajo el control español como si fuera una unidad.

El Amigo de la Patria

El 30 de noviembre de 1821 se publica el ejemplar 18 y 19 de *El Amigo de la Patria* que son los primeros que se editan luego de que el 15 de septiembre de 1821 se declarara la independencia de Centroamérica, en la que José del Valle tuvo una activa participación. En un extenso artículo titulado América, Valle sienta las bases de su proyecto para la creación de una *Confederación Americana*. El escrito analiza la evolución de los pueblos y su historia, argumentando en favor del derecho natural de las personas (blancos, negros, indios, ladinos, etc.); y sostiene que cualquier gobierno que restrinja este derecho, en consecuencia se opone al derecho natural. Vuelve al comienzo de este sobre el tema de la distancia que separa a España de América y destaca sobre manera la igualdad de derechos entre los habitantes de ambos lados del Atlántico, resaltando que la mutua ignorancia que se tenían ambos pueblos antes de la conquista es garantía de la libertad intrínseca de que gozan ambos pueblos.

Valle sostiene, como lo había hecho en los *Diálogos*, que los sufrimientos de los americanos comenzaron con la conquista. A continuación destaca que la diferencia en el color de piel entre los americanos y los españoles no da derechos a unos sobre otros ni puede ser tomado como síntoma de superioridad, ya que en todo caso el mismo razonamiento se podría aplicar a los alemanes con respecto a los españoles; del mismo modo que la superioridad de conocimientos y fuerza tampoco se podría utilizar como argumento legitimador para imponer por la fuerza un gobierno ya que, otra vez, si se aceptara dicho argumento entonces los franceses tendría derechos legítimos de gobernar a los españoles.[81]

Al igual que con el poder político impuesto por los españoles también considera la imposición religiosa. Así como los indios ignoraban el cristianismo también los españoles ignoraban el islam y se rebelaron contra éste. "Ignoraba América la religión que profesaba España. Pero España también ignoraba la de La Meca, la de los bárbaros del Norte, la de Roma y la de Cartago; y ni los sarracenos, ni los godos, ni los romanos, ni los cartagineses tuvieron derecho para conquistar a España. La ignorancia de una religión predicada en el antiguo Continente no era título para sojuzgar el nuevo. Su Autor divino no mandó que se conquistase el mundo… El carácter distintivo de Jesús era la lenidad… Los americanos no combatían la religión católica: la ignoraban solamente; y su ignorancia no era crimen suyo."[82]

El artículo continúa con una descripción de cómo los españoles organizaron la conquista y mantuvieron ignorantes y aislados a los nativos, prohibiendo a estos acceder a cargos púbicos y a la libertad de imprenta. Por ello busca legitimar su demanda de independencia en la obra de destacados pensadores ilustrados de la época como Smith, Condorcet, Raynal, Buffon y Montesquieu, entre otros; al tiempo que aporta ejemplos de las naciones europeas que se levantaron contra sus opresores desde 1500 en adelante.[83] Teniendo en cuenta estos antecedentes europeos es que los americanos decidieron tomar la iniciativa buscando la concreción de sus derechos en la práctica. Así lo describe Valle en su texto:

El movimiento, que en lo político es comunicativo como en lo físico, se propagó del antiguo al nuevo Continente. *Yo también soy hombre* dijo al fin el modesto y sensible americano. *Yo también he*

---

[81] *El Amigo de la Patria,* nº 18 y 19, 30 de noviembre de 1821, pp. 172-173
[82] Ibíd., p. 175
[83] Ibíd., pp. 177-179

recibido de la naturaleza los derechos que ha sabido defender el europeo. Los grados de latitud hacen helado el polo, ardientes las costas de Honduras, bello al georgiano, negro al Congo, y cobrizo al indio. Pero el hombre es uno en todos los paralelos… La voluntad es la base de los pactos que someten a un hombre al poder de otro hombre; y jamás ha debido suponerse en los americanos la de estar sujetos a un Gobierno tan lejano… La Constitución de España, declarando la Soberanía de la nación, declaró que el Soberano moral eran todos los pueblos que formaban la monarquía. La mayoría de votos es la que debe decidir; y si 15 millones de Americanos pronuncian la voluntad de ser libres, 9 millones de españoles deben respetar los votos del mayor número. Sabedlo, hombres de todos los climas. La ley misma de España es la que ha declarado la independencia de América: ella es la que confesando la Soberanía de la nación mandó respetar la mayoría de esta misma nación. No odio a los españoles, ni me gozo en su mal… Respetaré siempre la memoria de los autores de mi existencia. Pero los deberes de la filiación no son contrarios a las obligaciones del patriotismo. En América me engendrasteis. La América es mi patria, y todo ciudadano debe amar la que tenga. Si el Castellano no ofende a sus hijos sosteniendo la causa de Castilla, el Americano no agravia a sus padres defendiendo la causa de América: Debo sostener la de este caro continente; pero no violentaré jamás la naturaleza de Americano. Que haya en Francia Robespierres sanguinarios. El carácter de un Americano es la dulzura: la sensibilidad pintada en su cara, expresa en sus acentos. No seamos perseguidores injustos. Amemos a todos los que respeten el orden y confiesen la justicia de nuestra causa.[84]

Valle esboza su plan para establecer una federación que uniera a toda América en un plano de igualdad a través de la distribución geográfica de los centros económicos, políticos y religiosos. De este modo, todo el continente estaría unido, manteniendo las peculiaridades regionales de cada nación, ya que el poder del gobierno central estaría limitado. Así lo expone en este pasaje, el cual es considerado como uno de sus pasajes más significativos a

---

[84] Ibíd., pp. 181-183

favor de la independencia americana en virtud del derecho y de las ventajas que se derivarían de la misma:

Es una la voz desde el cabo de Hornos hasta Texas. Oponerse a la libertad de América hubiera sido luchar contra el espíritu del siglo, resistir las fuerzas de la opinión, ser injusto, y hacerse objeto de la execración. Guatemala, colocada en el centro de los movimientos del mediodía y del septentrión, recibió al fin el que era preciso que tuviese. Las dos Américas han proclamado su independencia; y este suceso grande, más memorable que el de su descubrimiento, producirá en la marcha progresiva del tiempo, efectos que lo serán también.

En Nuevo Mundo no será en lo futuro como ha sido en lo pasado, tributario infeliz del Antiguo. Trabajará el americano para aumentar los capitales productivos de su propiedad; trabajará para presentar al Gobierno, protector de sus derechos, las rentas precisas que exija la conservación del orden. Pero no se arrastrará en las cavernas de la tierra para sacar de sus entrañas los metales que debía enviar al otro Continente. No remitirá la propiedad del indio acumulada con penas; no enviará los 8 o 9 millones que enviaba anualmente. Esta suma supone cantidad inmensa de trabajo, y de este trabajo será aliviado en lo venidero cuando las contribuciones sean únicamente para el gobierno de América, y medidas por las necesidades del mismo gobierno.

Las costas de América, dilatadas majestuosamente del Norte al Sur, se abrirán a todas las naciones amigas o neutrales. Pabellones de todos los colores pintarán sus puertos y bahías. El mundo entero vendrá a ofrecerle los productos de su industria. El concurso de comerciantes de todos los países hará bajar los precios; y América, entrando al goce de uno de sus más preciosos derechos, hará lo que hace España. Comprará a quien le ofrezca mercaderías mejores y más baratas; no será ligada a una sola plaza de comercio; no pagará el tributo de millones, impuesto por la ley que daba a un solo vendedor la facultad de señalar precios a sus mismos géneros y a los productos de un continente entero.

El americano que tenía interés en ir a costas salvajes, rara o ninguna vez frecuentadas, abrirá caminos o formará calzadas para aproximarse a puertos que le llamarán ofreciéndole las riquezas de todas las naciones. Los fletes, costosos hasta ahora más que los valores de los frutos no retraerán a los especuladores activos. No será el añil el único producto capaz de sufrir el transporte. Todos los vegetales útiles que puede producir un suelo que abrazara todas las temperaturas, serán porteados a la costa y llevados a las plazas de todo el mundo."[85]

De acuerdo con esta visión, la independencia política no sólo permitiría a los nativos recuperar su libertad y sus derechos, sino que también fomentaría de manera muy especial el crecimiento económico gracias a la libertad de que gozarían en este ámbito, pudiendo disponer libremente de todas las rentas de su trabajo y de los recursos naturales de la región. Como sostiene Valle, estos incentivos promoverían los adelantos tecnológicos, la industria, así como también el desarrollo de los caminos y los puertos a lo largo de miles de kilómetros de norte a sur, abriendo el comercio a todo el mundo sin ningún tipo de restricción ni condicionamientos arancelarios de ningún tipo.

De todos modos, en aquellos primeros años posteriores a la independencia (lo sigue siendo aún en el presente) era muy difícil poder llevar a la práctica esta unión americana, especialmente por el choque de intereses entre lo local y lo global. Lograr acuerdos o pactos voluntarios de este tipo era prácticamente imposible, razón por la cual las disputas se terminaron dirimiendo en la mayoría de los casos por la fuerza, lo cual quedó reflejado en las guerras civiles que azotarían a la región después de logradas las independencias de las nuevas naciones. De hecho, el propio Valle unas páginas más adelante en el texto se pregunta sobre la viabilidad de tales acuerdos continentales:

Pero antes de llegar a esa cima de poder, es necesario trepar rutas escarpadas, andar caminos peligrosos, atravesar abismos profundos. Publiquemos la verdad para que su conocimiento nos haga más prudentes.

---

[85] Ibíd., pp. 183-184

Somos en el punto más peligroso de la carrera, nos hallamos en el período más crítico de los estados. Vamos a formar nuevas instituciones, a hacer nuevas leyes, a crearlo todo de nuevo.

¿Una población heterogénea, dividida en tantas castas y diseminada en territorios tan vastos, llegará a unir sus votos sobre el Gobierno que debe constituirse? ¿Las clases que han gozado serán bastante justas para dividir sus goces con las demás? ¿Las que han sufrido serán bastante racionales para no excederse en sus peticiones? ¿La opinión, varía siempre según las temperaturas, los paralelos, intereses y estados, podrá uniformarse en una extensión de tantos grados y climas? ¿La juventud, vana casi siempre y persuadida de saber más grande que el que tiene, respetará las luces de la experiencia juiciosa y previsora? ¿Los impostores de los pueblos olvidarán sus artes y sacrificarán a los del público sus intereses privados?

"La justicia es en casos tan grande, el lazo único que puede ligar intereses tan contrarios; y JUSTICIA en lo político, es el MAYOR BIEN POSIBLE DEL MAYOR NÚMERO POSIBLE.[86]

Claramente Valle intuía lo que se avecinaba para el continente americano. La diversidad, el choque de intereses regionales y locales; y sobre todo, la lucha entre los antiguos detentadores del poder y las nuevas castas que querrían hacerse del mismo a partir de la independencia. Igualmente, ello no haría disminuir su optimismo, aunque éste siempre fuera mesurado.

Valle consideraba que las élites coloniales eran las que deberían llevar adelante la transición del período colonial al independiente. Poner en manos de gente sin conocimientos la organización de las nuevas naciones americanas sería un error político que implicaría un alto costo.

Su planteo no es revolucionario, ni pretende una ruptura violenta con el pasado colonial; sino que justamente reconoce en el pasado un punto de partida. La idea de evolución predomina en sus propuestas, criticando cualquier tipo de cambio violento que abra paso a los excesos que se vieron durante la Revolución

---

[86] Ibíd., pp. 189-190

Francesa o ciertos episodios que tuvieron lugar en algunas de las colonias cuando se intentó promover un gobierno revolucionario entre 1810 y 1812.

Por este motivo, el proceso hacia la construcción de la nueva patria debía realizarse bajo un nuevo marco legal, en el cual tanto gobernantes como gobernados respetaran la ley emanada de la constitución. El fin de la tiranía y el despotismo, en consecuencia, sería resultado de la igualdad ante la ley de todos los ciudadanos sin distinción de origen. La independencia vendría a ser el vehículo para lograr esta igualdad de derechos que no era reconocida en la representación parlamentaria peninsular. Así las cosas, al ver que las Cortes de Madrid no reconocían a los americanos la proporcionalidad de la representación, Valle aceptaba la independencia aunque sostenía que el cambio debía implementarse con cautela, ya que eran pocas las personas que estaban en condiciones de liderar dicho proceso en Centroamérica. Por ello hacía hincapié en que deberían ser los ex agentes del gobierno colonial los que tenían que ocupar los lugares más importantes en los nuevos gobiernos independientes.

> La Constitución española respetando nuestros derechos declaraba que la Soberanía reside esencialmente en la Nación: que los pueblos son los que deben elegir sus representantes en Cortes, sus diputados provinciales, sus alcaldes, regidores y síndicos. Reservaba a los representantes de los pueblos el poder legislativo, y procuraba la unidad de la Nación estableciendo la de sus Cortes. Daba a los ayuntamientos el gobierno interior de los pueblos. Daba el de las provincias a las diputaciones provinciales y jefes políticos. No concedía a unos pueblos más derechos que a otros en el acto grande de elecciones. Los declaraba iguales a todos porque todos son compuestos de hombres, y los hombres son iguales ante la ley...
>
> Que los americanos marchen gradualmente sin dar saltos precipitados pasando del extremo en que eran a otro absolutamente contrario: que aquellos que elija la voluntad de los pueblos para Legisladores de América formen una legislación que sea desarrollo exacto del principio grande de sociedad o compañía: que los

escritores dignos de serlo trabajen en uniformar la opinión para que no haya divisiones sensibles...[87]

Valle quería evitar una caza de brujas sin sentido que terminara privando a la región de las personas que mejor preparadas estaban para integrar el gobierno independiente. No se podría construir una nueva nación sin "arquitectos" y, de acuerdo a su visión, la mayoría de estos tuvieron participación en el régimen saliente, como era su propio caso. Teresa García Giráldez sostiene que:

La patria que pretende crear [Valle] proponía una realidad de libertades y buenas leyes como condiciones indispensables para su existencia, pero también como antídoto contra cualquier tentación revolucionaria. Representa un ataque contra el despotismo y la tiranía, que son los responsables de la iniquidad e infelicidad, abusan de los derechos de los demás y crean conflictos. Si los gobernantes respetasen la justicia y la ley, harían patria, serían patriotas, desarrollarían la libertad, la felicidad y perseguirían, en definitiva, el principio de utilidad como lo entendía Bentham. Es decir, si elaboran leyes para satisfacer las necesidades de la mayoría de los ciudadanos, se evitarán las revoluciones o se neutralizaría a los revolucionarios."[88]

Al comenzar el año 1822, se daría en Guatemala el debate sobre la anexión a México. Está claro que Valle no aceptaba la anexión bajo los términos en los que la proponían Gabino Gaínza, Mariano Aycinena y Miguel Larreinaga, y así lo manifestó en su discurso del 5 de enero; tampoco consentía que la decisión se tomara teniendo en cuenta los votos de los ayuntamientos ya que no tenían atribuciones para decidir sobre ese tema. Valle insistió hasta último momento que la decisión dependía del Congreso que se debía convocar de acuerdo con el Acta de Independencia. De todos modos, su posición contra la anexión no significaba que

---

[87] Ibíd., pp. 190-191
[88] T. García Giráldez, "El debate sobre la nación", p. 24

Valle estuviera en contra de una federación grande que comprendiera todo el continente americano. Esta diferencia entre anexión y unión federativa no fue claramente interpretada por muchos autores, que consideraban a ambas como sinónimo en el pensamiento de Valle, cuando en realidad no lo eran.

A finales del mes de enero de 1822, cuando la anexión ya se había aceptado y sólo faltaba elegir a los representantes de Centroamérica para asistir al Congreso Federal Mexicano, entre quienes estaría el propio José del Valle, éste publica en *El Amigo de la Patria* un artículo que se tituló "España y América. Comentarios sobre las leyes de indias". En el mismo, destaca que las leyes de España imperaron en América por más de tres siglos y que como consecuencia de ello una de las regiones más ricas del planeta se convirtió en una de las más pobres. Sólo esto, de acuerdo con Valle, sería justificación suficiente para que América de independice. En su escrito sostiene:

> Tres siglos, dice el paciente americano volviéndose a España, hemos observado las leyes que nos ha dado; tres siglos hemos esperado la felicidad que nos prometiste cuando aboliendo los gobiernos de las Indias nos ofreciste otro más liberal y justo. Otros pueblos han sufrido menor espacio de tiempo. Un siglo solamente; la mitad de un siglo ha bastado para que mudasen el gobierno que en aquel tiempo no había podido hacerlos felices. Nosotros hemos tenido una paciencia más grande. Al fin de un reinado esperábamos nuestra felicidad del siguiente; al terminar un siglo nos prometíamos venturas del que sucedía. Las esperanzas han sido burladas. El país de la riqueza es pobre; la naturaleza más bella es bruta; el indio que antes de descubrirse América elevó a imperios grandes los de Perú y Nueva España es ahora después de aquella época un autómata infeliz sensible sólo para sufrir. La base de todo pacto es la voluntad de los que le celebran; y la voluntad de los contrayentes se funda en el bien que se prometen. Cuando una nación deja el gobierno que le rige, y se une a otro que le ofrece administrarla, las obligaciones son grandes, los deberes son estrechos. Es necesario que el nuevo gobierno haga leyes justas y liberales. Cesa en caso contrario el pacto de unión;

renacen los antiguos derechos; los pueblos los reclaman; y su voz es la de la razón. Hemos obedecido tres siglos; hemos jurado todos los sistemas de administración que nos has ordenado sucesivamente; y ninguno ha hecho toda la felicidad que podíamos gozar. Tu posición es embarazosa. Te has visto en lo pasado y te verías en lo futuro en una triste alternativa. Si dabas leyes benéficas, derivadas de los derechos del hombre, América conociendo los suyos debía defender su causa… No es posible conciliar los intereses de esa Península y este Continente. Si reconoces nuestra independencia, América será feliz; tú serás venturosa; ambas, amigas, aliadas y unidas por los vínculos más estrechos. Siendo esta parte del mundo dependiente de esa Península, América seguirá atrasada, y tú no harás progresos. Para que seas todo lo que puede ser esa porción hermosa de Europa, es preciso que España y América sean estados independientes; es preciso que la una no oponga obstáculos al desarrollo de la otra. Los españoles que amen a la Península y se interesen en su felicidad, deben proteger nuestra independencia… [89]

Se aprecia en este texto que Valle hace referencia a las ideas de John Locke y a la reversión de la soberanía cuando el gobernante no cumple con su parte del pacto. De hecho, este fue uno de los argumentos más utilizados por los líderes de los movimientos independentistas hispanoamericanos sosteniendo que el pacto entre América y España se había quebrado, entre otras cosas por la ausencia del rey, razón por la cual el poder revertía en el pueblo que era el legítimo detentador de la soberanía. Valle, agrega por su parte, que el CÓDIGO DE LAS PARTIDAS (leyes castellanas) del siglo XIII que se aplicaron en América dos siglos después, eran totalmente inadecuadas para la región: sosteniendo que las leyes deben tener en cuenta la peculiaridad del territorio y la población en la que se van a aplicar. Es más, en el prólogo de estas se describe de una manera equivocada y prejuiciosa a los pueblos indígenas, sus usos y costumbres; además de criticar la

---

[89] *El Amigo de la Patria*, n° 20 y 21, 25 de enero de 1822, pp. 193-194

recopilación que se hizo de estas leyes, la que fue mal hecha y sin sentido para América.[90]

Pero Valle, como era su costumbre, no se queda en la crítica sino que propone cómo debían ser las leyes para los americanos, al decir que:

Un Código Legislativo debe ser desarrollo exacto de este principio sencillo: *Los hombres se unieron en sociedad para su felicidad común; los ciudadanos de una nación son compañeros o socios; son individuos de una compañía.* No es *ley* la que no tiene el carácter de *social;* no debe ser parte de un Código Legislativo la que no merece nombre de *ley.* Las que se acumularon en la Recopilación de Castilla no son deducciones exactas de aquel principio. Se desvían de él en diversos puntos: ponen trabas a la energía del talento; embarazan los progresos de la ilustración; impiden la marcha de la industria; hacen pobres y ricos; señores y siervos; establecen el plan funesto del *Poder absoluto,* origen de todos los males que afligen a los pueblos; olvidan en lo civil los pactos que en un Código jamás deben olvidarse, porque ellos son los que aumentan y disminuyen la riqueza; autorizan en lo criminal el sistema dañoso de castigar casi todos los delitos con penas pecuniarias; el sistema peligroso de aumentar la audiencia al rico y a depresión al pobre; el sistema de indicar al uno que teniendo oro puede quebrantar las leyes, y decir al otro que se resuelva a ser víctima de quien tenga plata para sacrificarle.[91]

Como consecuencia de la aplicación de leyes que no tienen origen en América el destino de la región será el atraso no sólo económico sino moral de la sociedad americana. La desigualdad y el abuso impuesto por los españoles generaron un clima de injusticia que es el que irremediablemente lleva a las revoluciones de independencia en Hispanoamérica.

Lo mismo había ocurrido en otras latitudes en que los pueblos viéndose en una situación semejante se levantaron contra sus

---

[90] Ibíd., pp. 195 y 203-207

[91] Ibíd., pp. 201-202

gobernantes. Así nos lo recuerda Valle al destacar el origen de estos levantamientos en otros lugares y épocas: "las causas de las revoluciones de Grecia y de Roma, de Suecia y de Francia, de los Estados Unidos y de América Meridional; y conociendo que la injusticia es el primer origen de todas, aprendamos al fin a ser justos si queremos ser independientes".[92]

El primero de marzo de 1822, Valle publica en *El Amigo* el artículo titulado "Soñaba el Abad de San Pedro: y Yo también sé soñar" que, con el transcurrir del tiempo, se convertiría en uno de los más significativos manifiestos en pos de la creación de una confederación de estados americanos. Como señaláramos previamente, este escrito llegó a manos de Bernardo de Monteagudo quien decidió visitar a Valle para conversar sobre el tema. Esta reunión y el tema de esta también llegaron a oídos de Simón Bolívar cuando Monteagudo se volviera a reunir con éste. En el texto, Valle señala que hay dos Américas, la del norte y central todavía sometidas al dominio español; y la del Sur libre y luchando por mantener sus derechos.

Destaca el hecho paradojal de que mientras las naciones del Sur luchaban por conquistar su independencia, las regiones del Centro y Norte de América financiaban a la Corona con sus tributos para armar expediciones con el objeto de someterlas. Esto lo lleva a reflexionar que el problema radicó en que ambas regiones emprendieron sus procesos emancipadores en momentos distintos. Mientras que el Sur lo hizo en la década del diez, el Centro y el Norte lo hicieron en la década del veinte. Esto contribuyó a debilitar a los americanos y a derramar más sangre de la que se hubiera derramado si la lucha se hubiese emprendido de manera simultánea en ambas regiones del continente. Pero al momento de escribir el artículo, Valle sostiene que ya había llegado la hora de la independencia para todos y era tiempo de mirar hacia el futuro, un futuro que solamente sería promisorio si las nacientes naciones independientes lograban mantenerse unidas.[93]

---

[92] Ibíd., p. 209
[93] *El Amigo de la Patria*, nº 24, 1 de marzo de 1822, pp. 233-234

A continuación transcribiremos algunos párrafos fundamentales del artículo para poder analizar en profundidad la verdadera dimensión de la propuesta americanista de Valle. Un punto clave del escrito, que algunos historiadores que trabajaron el tema han pasado por alto, es que Valle cuando habla de una Confederación Americana no incluye a toda América sino a la América Española. Así lo consigna en la nota al pie de página número 1 al decir: "No hablo de toda América. Hablo de lo que se llama América Española."

Jorge Mario García Laguardia, quien realizó el prólogo y la selección de las *Obras Escogidas* de José del Valle, hace hincapié en este punto ya que resalta la diferencia que existe entre el "hispanoamericanismo de Valle" y la idea panamericanista que surge recién a finales del siglo XIX. En la cita 20 de su prólogo García Laguardia señala que el término panamericanismo se usa por primera vez el 5 de abril de 1888 en un artículo del Evening Post de Nueva York, y que autores como Eliseo Pérez Cadalso en "Valle, apóstol de América", Rubén Leyton Rodríguez en "Valle, padre del panamericanismo" y Rafael Leiva Vivas en "Vigencia del sabio Valle" confunden su hispanoamericanismo como panamericanismo.[94]

Valle sostiene que uno de los principales problemas de la región es la dilatada extensión geográfica del continente y que en consecuencia este hecho ineludible de la naturaleza hay que resolverlo políticamente. "Separadas unas de otras, siendo colocadas en un mismo hemisferio, el mediodía no existe para el norte, y el centro parece extranjero para el sur y el septentrión. El reposo de las unas no es un bien para las otras; las luces de aquéllas no son una felicidad para éstas. Chile ignora el estado de Nueva España, y Guatemala no sabe la posición de Colombia… América se dilata por todas las zonas, pero forma un solo Continente. Los americanos están diseminados por todos los climas, pero deben formar una familia."[95]

---

[94] Jorge Mario García Laguardia, *Obra Escogida*, pp. XIV y XLIII
[95] *El Amigo de la Patria*, nº 24, 1 de marzo de 1822, p. 234

78

La "familia" americana de la que habla Valle debería tomar el ejemplo de Europa que ante las dificultades que se le presentaron con las revoluciones que pusieron en jaque las monarquías europeas se reunieron en el Congreso de Viena. Propone así la reunión en congresos en los que estén representadas todas las naciones de Hispanoamérica. En ocho puntos Valle hace públicos sus deseos para la unión americana:

Oíd, americanos, mis deseos. Los inspira el amor a América, que es vuestra cara patria y mi digna cuna.

Yo quisiera:

1) Que en la provincia de Costa Rica o de León, se formase un Congreso General, más expectable que el de Viena, más importante que las dietas donde se combinan los intereses de los funcionarios y no los derechos de los pueblos.

2) Que cada provincia de una y otra América mandase para formarlo, sus Diputados o representantes con plenos poderes para los asuntos grandes que deben ser el objeto de su reunión.

3) Que los Diputados llevasen el estado político, económico, fiscal y militar de sus provincias respectivas, para formar con la suma de todos el general de toda la América.

4) Que unidos los Diputados y reconocidos sus poderes, se ocupasen en la resolución de este problema: *Trazar el plan más útil para que ninguna provincia de América sea presa de invasores externos, ni víctimas de divisiones intestinas.*

5) Que resuelto este primer problema, trabajasen en la resolución del segundo: *Formar el plan más eficaz para elevar las provincias de América al grado de riqueza y poder a que pueden subir.*

6) Que fijándose en estos objetos, formasen: 1º La Federación grande que debe unir a todos los estados de América; 2º el plan económico que debe enriquecerlos.

7) Que para llenar lo primero se celebrase el pacto solemne de socorrerse unos a otros todos los Estados, en las invasiones exteriores y divisiones intestinas; que se designase el contingente de hombres y dinero con que debiese contribuir cada uno al socorro del que fuese atacado o dividido; y que para alejar toda sospecha de opresión en el caso de guerra intestina, la fuerza que manda-

sen los demás Estados para sofocarla, se limitase únicamente a hacer que las diferencias se decidiesen pacíficamente por las Cortes respectivas de las provincias divididas, y obligarlas a respetar la decisión de las Cortes.

8) Que para lograr lo segundo se tomasen las medidas, y se formase el tratado general de comercio de todos los Estados de América, distinguiendo siempre con protección más liberal el giro recíproco de uso con otros, y procurando la creación y fomento de la Marina que necesita una parte del Globo separada por mares de las otras.[96]

En estos ocho puntos Valle muestra tres preocupaciones principales. Primero refiere al peligro de invasiones externas, aunque en el contexto del escrito parecería el menor de los males posibles; en segundo lugar, menciona el tema de las "divisiones intestinas", conocedor de la región Valle intuía (como luego se terminó comprobando en la práctica) que este sería el principal peligro al que se enfrentaban las naciones americanas, y por ello destina más precauciones sobre cómo deberían actuar los Diputados llegado el caso; y en tercer lugar, refiere al otro gran problema que enfrentaba la región como lo era la falta de desarrollo económico. Como dice Valle, hay que promover las medidas necesarias para sacar a la América del atraso. Con el Congreso Continental "se crearía un Poder que uniendo las fuerzas de 14 o 15 millones de individuos, haría a América superior a toda agresión; daría a los Estados débiles la potencia de los fuertes; y prevendría las divisiones intestinas de los pueblos, sabiendo éstos que existía una federación calculada para sofocarlos."[97]

El artículo termina con una referencia a la labor que le cabría a los *sabios* de la región, tema al que le dedicó otros escritos a lo largo de su carrera como publicista. En este caso Valle refiere a la tarea de éstos y al potencial que auguraba a América, a la que identifica como *su patria*. El texto de Valle cobra en esta última parte el carácter de un llamado a la unidad de todo el Continente,

---

[96] Ibíd., pp. 235-236
[97] Ibíd., p. 236

la *patria grande* a la que refiere García Giráldez en "El debate sobre la nación".[98] Valle prevé consecuencias altamente positivas de la existencia del Congreso al sostener que:

> Se unirían sabios que teniendo a la vista el mapa económico y político de cada provincia, podrían meditar planes y discurrir medidas de bien para todas las provincias en particular y para América en general.
>
> Se estrecharían las relaciones de los americanos unidos por el lazo grande de un Congreso común; aprenderían a identificar sus intereses; y formarían *a la letra,* una sola y grande familia.
>
> Se comenzaría a crear el *sistema americano,* o la colección ordenada de principios que deben formar la conducta política de América, ahora que empieza a subir la escala que debe colocarla un día al lado de Europa que tiene su *sistema* y ha sabido elevarse sobre todas las partes del Globo.
>
> América entonces: **América, mi patria y la de mis dignos amigos**, sería al fin lo que es preciso que llegue a ser: Grande como el Continente por donde se dilata; Rica como el oro que hay en su seno; Majestuosa como los Andes que la elevan y engrandecen.
>
> ¡Oh Patria cara, donde nacieron los seres que más amo! Tus derechos son los míos, los de mis amigos y mis paisanos. Yo juro sostenerlos mientras viva. Yo juro decir cuando muera: *Hijos, defended a América.*
>
> Recibe, patria amada, este juramento. Lo hago en estas tierras que el despotismo tenía incultas y la libertad hará florecer.
>
> Cuando no era libre, mi alma, nacida para serlo, buscaba ciencias que la distrajesen, lecturas que la alegrasen. Vagaba por las plantas; estudiaba esqueletos; medía triángulos, o se entretenía en fósiles.
>
> América será desde hoy mi ocupación exclusiva. América de día cuando escriba; América de noche cuando piense. El estudio más digno de un americano es América.
>
> En este suelo nacimos; este suelo es nuestra patria. ¿Será patriotismo un delito?[99]

---

[98] T. García Giráldez, "El debate sobre la nación", p. 53

[99] *El Amigo de la Patria,* n° 24, 1 de marzo de 1822, p. 237. El resaltado es nuestro.

En esa misma edición de *El Amigo de la Patria* del 1 de marzo de 1822, aparece un escrito que se titula "Elogio al número 24 del amigo de la patria".[100] En este artículo el autor señala que un hombre ignorante tuvo la "la felicidad de leer el luminoso número 24 de El Amigo de la Patria" y eso le produjo "una prodigiosa metamorfosis". Por este motivo, se prepara para hacer un elogio sobre el artículo diciendo: "Oíd, hombres de todas clases, la voz de la razón os habla por la boca de ese genio sublime. Sus expresiones están acordes con sus pensamientos; y sus proyectos son hijos del amor al país, que fue su digna cuna. Leed con cuidado, amigos, el papel de que hablo. No es sólo una lectura la que basta para conocer su mérito, son necesarias por lo menos dos, y así prestad a ellas vuestra atención, que pocos escritos habrá que merezcan tanto."[101] El resto del artículo más que hablar sobre el proyecto de Valle se dedica a ensalzar la figura de éste. Llama la atención semejantes halagos publicados en el mismo periódico que editaba Valle, sólo como muestra copiamos el último párrafo en el cual el "anónimo" autor dice a Valle:

> perdona, oh amado amigo, mi atrevimiento: me prometí hacer el análisis general de las ventajas que encierran cada una de las ideas que has estampado en el periódico que diriges; pero la razón me ha hecho callar; los sabios sabrán hacerte justicia; los hombres reconocerán tu humanidad; y nosotros, tus leales amigos americanos, te levantaremos en cada pueblo de los que ilustras, la estatua que mereces; nuestra posteridad irá al pie de ella a bendecir tu nombre; y América, por quien has jurado sacrificar tu existencia, haciendo el juramento grande de sostener sus derechos, y

---

[100] Es interesante notar que en la edición de Obras Escogidas prologada por Jorge García Laguardia el autor indica que el texto es anónimo, cuando en la edición de *El Amigo de la Patria* no hay referencia al carácter de anónimo del escrito. Por otro lado, por lo general los artículos de *El Amigo* no suelen ir firmados. Por esta razón asumimos que el artículo "Elogio" o fue escrito por el propio José del Valle o por algún colaborador my cercano, con la intención de dar más énfasis a su artículo "Soñaba el Abad de San Pedro: y Yo también sé soñar".

[101] *El Amigo de la Patria*, nº 24, 1 de marzo de 1822, pp. 243-244

quien en señal de gratitud te dirige la siguiente *oda*[102], sabrá algún día compensar tus tareas, colocándote generosa en el lugar a que te llaman tus luces.[103]

El viaje a México

En febrero de 1822, Agustín de Iturbide aceptó la incorporación de Guatemala a México.[104] Los meses que transcurrieron entre marzo y abril fueron de elección y preparación para elegir los representantes centroamericanos que viajarían al Congreso de México.[105] En marzo Valle fue elegido diputado a dicho congreso para representar a Chiquimula y Tegucigalpa. El voto de sus coterráneos lo volvía a colocar en el centro de la escena política, y su viaje a México (el único que haría fuera de Centroamérica en toda su vida) lo tendría nuevamente como destacado protagonista político. Durante los meses que Valle está en México y los que destina al viaje de ida y vuelta a Guatemala, no se registran escritos del autor sobre los temas que venimos tratando en este trabajo. Esto explica porque recién en 1825 vuelve a publicar sobre el asunto.

Entre el día de su partida hasta el día de su regreso pasaron casi dos años. Luego de una accidentada participación en el Congreso Mexicano, prisión mediante, Valle retorna a Guatemala, ya que este país decidió separarse definitivamente de México. La abdicación de Iturbide el 19 de marzo de 1823 y el decreto de Filísola del 29 del mismo mes, habían puesto a trabajar a las autoridades políticas en la convocatoria del nuevo congreso centroamericano, el cual finalmente quedó integrado el día 24 de junio de 1823 con los diputados que ya habían arribado a la capital. La

---

[102] La oda se reproduce en ese mismo número de *El Amigo* y se titula "La América a su hijo el Sr. Don José Cecilio del Valle"

[103] *El Amigo de la Patria,* n° 24, 1 de marzo de 1822, p. 245

[104] Acta de la Junta Provisional Consultiva del 21 de febrero de 1822. En Oscar Benítez Porta, *Guatemala independiente del gobierno español,* Editorial José Pineda Ibarra, Guatemala, 1973, pp. 471-472

[105] Nattie Lee Benson y Charles R. Berry, "The Central American Delegation to the First Constituent Congress of Mexico, 1822-1823", en *The Hispanic American Historical Review*, Vol. 49, N° 4 (Nov., 1969), pp. 679-702.

primera sesión se llevó a cabo el 29 de junio, y al día siguiente se discutió el tema de la independencia absoluta, la cual se terminaría votando el 1º de julio de 1823. Por aquellos días, los diputados centroamericanos que estaban en México tenían noticias de lo que sucedía en Guatemala e inclusive muchos de ellos habían sido elegidos por sus respectivas provincias para integrarse al nuevo congreso. Valle da cuenta de ello en una carta que le escribe a su familia el 16 de julio, manifestando a su esposa que ya había comunicado al Congreso de México que había sido elegido diputado y que debería partir de regreso a Guatemala.[106]

La renuncia oficial al Congreso Mexicano por parte de Valle sería presentada el 3 de septiembre, y a partir de ese momento comenzó a preparar su retorno. La partida se demoró hasta el 13 de noviembre, ya que debía esperar que finalizara la estación lluviosa en México.[107] Este tiempo de espera lo utilizó Valle para recorrer la ciudad, investigar, conocer, comprar libros e instrumentos de medición para su viaje de retorno, y contactarse con hombres de ciencias. El viaje de regreso demandaría dos meses y medio. El 3 de diciembre de 1823 escribía Valle a su familia desde Oaxaca diciendo: *"ya estoy cien leguas más cerca de ustedes".*[108] El 26 de enero de 1824 arribó a Mixco ciudad en la que había pasado la primera noche en su viaje de ida, ahora podía divisar la ciudad de Guatemala en su camino de regreso. La *patria chica* lo esperaba con nuevos desafíos políticos y personales.

Durante el tiempo que Valle estuvo en México su influencia no disminuyó ya que su idea sobre una Confederación Americana fue impulsada en la Asamblea Nacional Constituyente de Centroamérica por Pedro Molina, José Justo Milla y Doroteo Vasconcelos el día 13 de noviembre de 1823. El Decreto 44 de la Asamblea establecía:

---

[106] Carta de Valle a su esposa del 16 de julio de 1823. En *Cartas familiares de José Cecilio del Valle.* Prólogo y notas de Juan Valladares, Presidencia de Honduras, Tegucigalpa, 1972, pp. 61-63

[107] Carta de Valle a su esposa del 1 de noviembre de 1823. En Ibíd., pp. 65-66

[108] Carta de Valle a su esposa del 3 de diciembre de 1823. En Ibíd., pp. 67-68

Que se excite a los cuerpos deliberantes de ambas Américas, a una conferencia general, debiendo reunirse sus diputados en el punto que ellos mismos se sirvan designar. El Supremo Poder Ejecutivo, al anunciar a las mismas potencias los deseos de estas provincias, propondrá a la alta consideración de todos los gobiernos los siguientes objetos: Representar unida a la gran familia americana; garantir la independencia y libertad de sus estados; auxiliarlos; mantenerlos en paz; resistir las invasiones del extranjero; revisar los tratados de las diferentes repúblicas entre sí y con el antiguo mundo; crear y sostener una competencia marina; hacer común el comercio a todos los estados arreglando el giro y los derechos y además acordar medidas que la sabiduría de los representantes crea oportunas para la prosperidad de los estados.[109]

La influencia del ideal americanista de Valle también se puede apreciar en México. Como lo consigna García Laguardia, "[e]l eco de Valle también se encuentra en el primer congreso constituyente mexicano, en la voz de Juan de Dios Mayorga, pocos días después de que Valle regresara a Guatemala y que se cancelaran las sesiones del Congreso. Mayorga y Valle trabajan muy cercanamente sus últimos meses, en busca de que éste apruebe la separación de Guatemala, pero Valle se retira del Congreso para incorporarse al de Guatemala, para el que había sido electo. El 8 de octubre de 1823 –el Congreso se disuelve el 30- Mayorga presenta una proposición –que nunca llegó a discutirse- en la que "para contrarrestar a las empresas de la Santa Liga", pide que "se diga al gobierno que inmediatamente invite a todos los continentales y aun al de la República de Haití, proponiéndole la reunión de un Congreso compuesto de representantes de cada gobierno que se reunirá cuanto antes en el punto más proporcionado, como Panamá, Costa Rica, León de Nicaragua u otro que sea más a propósito". Una larga proposición de 6 puntos en que se fijaba como tarea de ese Congreso resolver cuanto convenga a la seguridad y bien general de "las Américas", reconocimiento de los nuevos

---

[109] "Actas de las sesiones de la Asamblea Nacional Constituyente", Decreto N° 44, 13 de noviembre de 1823 en *Obra Escogida*, p. XVI

estados y sus límites, defensa exterior, "alianza eterna entre todos los Estados Americanos", relaciones con naciones europeas, y vínculos comerciales entre países europeos y americanos."[110]

Desde que llega de regreso a Guatemala a finales de enero de 1824 hasta que se produce su fallida elección como Presidente de la República en 1825, Valle va a tener una activa participación política en Centroamérica, especialmente como integrante del Segundo Triunvirato encargado de ejercer el gobierno provisionalmente hasta que se eligiera al primer presidente constitucional del país.[111] El resultado de la elección fue un duro golpe para Valle, ya que habiendo sacado un amplia mayoría contra su rival José Manuel Arce, de todos modos ello no le permitió alcanzar la mitad más uno de los electores que exigía la Constitución, por tal motivo el Congreso debió elegir entre los dos candidatos más votados, Valle y Arce, resultando este último electo como primer presidente de Centroamérica.[112] A partir de ese momento, Valle manifestó su intención de volver a sus asuntos particulares (algo que no haría por mucho tiempo) y a sus estudios entre los que retomó la idea del Congreso Americano y sus posibles consecuencias. En este punto es importante tener presente que la convocatoria de Simón Bolívar ya había sido lanzada y en breve se reuniría el Congreso de Panamá.

En junio de 1825, José del Valle fundó un nuevo periódico que se llamó *El Redactor General* el cual se publicaría hasta octubre de 1826. A diferencia de su primer periódico, *El Amigo de la Patria,* a éste lo utilizaría no sólo para dar cuenta de sus ideas y la actualidad política de Guatemala, sino que también serviría de tribuna desde donde se enfrentaría con sus rivales políticos, sobre todo en los primeros números en los que todavía se trasluce el desencanto

---

[110] Jorge Mario García Laguardia, en Ibíd., p. XVI

[111] Por cuestiones de distancias las elecciones en aquella época duraban meses. La convocatoria para elegir presidente se había hecho el 5 de mayo de 1824 y el escrutinio final comenzó en el Congreso Nacional el 20 de abril de 1825.

[112] Para la disputa sobre el resultado de la elección presidencial ver: Alejandro Gómez, *José del Valle. El Político de la Independencia Centroamericana,* Universidad Francisco Marroquín, Ciudad de Guatemala, 2011, pp. 125-128

por no haber sido elegido presidente de Guatemala. De todos modos, no perdería de vista su idea de una convocatoria a una confederación americana, lo cual quedaría reflejado en una serie de artículos que se refieren a este tema.

Esta serie de artículos de *El Redactor General* comienza con uno publicado el 28 de junio de 1825 titulado "Nuevo Sistema Político Americano. Santa Alianza", en el cual Valle critica a la Santa Alianza por no reconocer los derechos de los americanos, al tiempo que también sostiene que esta alianza no es general porque Inglaterra, que es el país más poderoso del mundo a su entender, no la integra. Además, destaca que Inglaterra ya había reconocido la independencia de México y Colombia;[113] y agrega que países como Holanda y Estados Unidos también están comenzando a reconocer la soberanía de los países de esta región.

Para Valle, la Santa Alianza representa el pasado y los privilegios que tratan de imponer unas sociedades sobre otras. Así lo consigna al decir:

1º. Ha existido antes y existe ahora un proceso entre los pueblos que quieren libertad política y civil; y los jefes, temporales o vitalicios, electivos o hereditarios, reyes o emperadores, que quieren tener poder absoluto.

2º Ha existido antes y existe ahora otro proceso entre los pueblos que no quieren admitir otras distinciones que aquellas que sean convenientes al interés de todos; y las clases de aquellos individuos que han usurpado y quieren todavía conservar para su privativo interés, privilegios honoríficos o pecuniarios.

Combate del espíritu de libertad con el de dominación o poder absoluto; combate del espíritu de igualdad con el de distinción o privilegio. Este es el cuadro de las naciones o sociedades políticas del mundo antiguo.

Los pueblos de Europa, salvajes o bárbaros primero; dominados después por Roma antigua que liberal o justa para sí, era una tira-

---

[113] Cabe destacar que para aquel momento, aunque Valle lo desconociera, Inglaterra también había reconocido la independencia de las Provincias Unidas del Río de la Plata en 1825.

nía para los demás; invadidos posteriormente y subyugados por godos, vándalos, hunos, etc; oprimidos por monarcas absolutos y ministros ignorantes o inmorales; sensibles al sufrimiento de tantos males; ilustrados en sus derechos por hombres que desde la altura de sus gabinetes derramaban luces sobre toda la especie, quieren ser menos infelices; quieren constitución; quieren una ley que señale límites a los poderes, dé a todos derechos, y prescriba a todos deberes. Es justa su demanda y no tiene moral, o no habla lo que siente el que niegue la justicia de su solicitud tan conforme a razón… Empezó el combate a la lucha: empezaron los gobiernos a ser enemigos de los pueblos, y los pueblos enemigos de los gobiernos; no hay armonía entre los que mandan y los que obedecen; y Europa se ve amenazada de todos los males temibles en posición semejante.

Los pueblos de América, salvajes también al principio; dominados después con arbitrariedades por los Incas y Moctesumas; conquistados posteriormente por los Corteses y Pisarros; envueltos en las desgracias que afligían a los europeos, ilustrados con las luces que del norte del mundo antiguo pasaban al norte del nuevo y desde él rolaban por el centro y mediodía, quieren también ser menos desventurados; quieren constitución, quieren tener cerca los gobiernos directores de sus destinos. Su demanda es igualmente justa. La religión la aprueba, y la razón la defiende. Pero el mismo espíritu de privilegio y poder absoluto que repugna el bien de los pueblos de Europa resiste también el de los de América. Se ha formado un *Alianza* que con escándalo se llama *santa*; y el objeto de esa santa es que no haya constituciones justas; que no haya leyes iguales para todos; que el mundo nuevo esté sujeto al viejo; y dominen los poderes absolutos.[114]

Los argumentos que utiliza Valle a favor de la independencia de toda América y la aplicación de un sistema constitucional para sus gobiernos, es el mismo que argumentaron en su momento los mismos países europeos que ahora con el escudo de la Santa Alianza no quieren reconocer para los americanos. "Los gobier-

---

[114] José Cecilio del Valle, "Nuevo Sistema Político Americano. Santa Alianza" (El Redactor General nº 3, 28 de junio de 1825) en *Obra Escogida,* pp. 240-241

nos de Francia, Austria, Rusia, y Prusia son los que forman la alianza que resiste en Europa las instituciones liberales; y a esos gobiernos quiere España interesar en sus pretensiones sobre América." Y a continuación se pregunta: "¿Cuál será el resultado final de la contienda entre los gobiernos y las naciones? ¿Cuál será el término de la lucha entre las clases privilegiadas y los pueblos de Europa? ¿Triunfará la justicia? ¿Será victoriosa la razón? ¿Los gobiernos de la alianza darán a España los auxilios que necesita?"[115]

Al finalizar el artículo, Valle advierte que *El Redactor General* seguirá ocupándose del tema, publicando artículos que aporten ideas sobre la cuestión, proponiendo que "sea el *Redactor* el sol que las vaya difundiendo por todas partes". Así lo hace en el número 7 del 26 de julio de 1825 en un artículo titulado "Confederación Americana" en el que vuelve a hablar de la igualdad de derechos entre americanos y europeos. Por eso sostiene que:

La identidad de intereses hizo que desde 1810 comenzase en América a resonar sucesivamente la voz lisonjera: *Somos hombres, por serlo tenemos los mismos derechos que los habitantes de Europa. No es justo que las naciones europeas sean regidas por gobiernos americanos. No es conforme a razón que los pueblos americanos sean administrados por gobiernos europeos.*
Esa misma identidad hace que en la misma América se empiece a oír otra voz igualmente agradable: *Nacimos en un mismo continente; somos hijos de una misma madre; somos hermanos; hablamos un mismo idioma; defendemos una misma causa; somos llamados a iguales destinos. La amistad más cordial; la liga más íntima; la confederación más estrecha debe unir a todas las repúblicas del Nuevo Mundo.*[116]

Claramente vuelve Valle a promover la idea de una liga o confederación de repúblicas americanas. Sostiene su proyecto en los

---

[115] Ibíd., p. 241
[116] José Cecilio del Valle, "Confederación Americana" (El Redactor General nº 7, 26 de julio de 1825) en Ibíd., p. 237

antecedentes comunes de Hispanoamérica. El destino del continente así lo exige de acuerdo con su análisis. En este mismo número de *El Redactor,* Valle volvió a publicar el texto del que ya hemos hablado en páginas precedentes "Soñaba el Abad de San Pedro y yo también sé soñar" del 1º de marzo de 1822. Por ello es por lo que hace referencia a él en el mismo número de *El Redactor*:

> El abad de San Pedro escribió, a más de otras obras, el *Proyecto de paz universal entre los potentados de Europa.* Un escritor, elocuente y profundo, publicó el *Extracto* de aquel proyecto y el *Juicio* que había formado de él. Uno y otro forman una obra de pequeño volumen; pero muy útil ahora que se piensa en la gran confederación americana.
>
> Lleno de buenos deseos el abad de San Pedro manifiesta las causas que hacen de las naciones de Europa una sola sociedad; indica después las imperfecciones de esa misma sociedad; descubre en ellas el origen de las disensiones y guerras que afligen a los pueblos; propone para evitarlas una dieta general destinada a conciliar o terminar pacífica y amigablemente las diferencias de los estados; y designa los cinco artículos que a su juicio deben servir de base a la liga o alianza general.[117]

A continuación se explica que a tal fin, y sin fines de lucro ni interés persona, Valle tradujo del francés al castellano el *Extracto* y *Juicio* y que así mismo ha añadido notas y comentarios referidos a América y su confederación. De todos modos, el editor de los escritos de Valle, Jorge Mario García Laguardia sostiene que no tiene constancia de que esta obra de Valle se haya publicado.[118]

En aquellos años en que casi toda la América española se había declarado independiente, aún existían voces que rechazaban ese movimiento y que pretendían mantener la autoridad en pocas manos sin abrir la arena política a nuevos participantes ni adoptar reformas que pusieran a América en tono con los cambios que se

---

[117] Ibíd., pp. 239-240

[118] Jorge Mario García Laguardia, en *Obra Escogida,* nota al pie en p. 239

90

venían promoviendo en Europa Occidental y Estados Unidos. Por este motivo, Valle publica en número 10 de *El Redactor* un escrito llamado "El Nuevo Régimen y la Santa Alianza" en el que sostiene:

> Los pueblos que desean una ley, expresión de sus derechos y fueros; y la Santa Alianza que trabaja para tenerlos sometidos a los rigores del Poder absoluto; América que después de tres siglos de sujeción a un gobierno lejano se pronunció al fin independiente; y España que, posesora de América por igual espacio de tiempo, no quiere reconocer su independencia, son los asuntos que continúan ocupando a los talentos y ejercitando a los estadistas.
>
> Siguen los periódicos contradictorios entre sí, unos alegres prometiendo paz perpetua, y otros melancólicos amenazando guerras destructoras; aquéllos pintando futuros lisonjeros, y éstos bosquejando venideros funestos.
>
> En este caos, tenebroso como la noche, hay cuatro verdades superiores a las contradicciones de los periódicos. *La libertad, dirigida por la ley, es justa, y parece natural que los pueblos quieran constituciones y progresar en la marcha de su prosperidad. El poder absoluto acostumbrado a dominar sin oposición desea continuar del mismo modo, y ven su sepulcro en las leyes que enfrenan la arbitrariedad. América es un mundo de valores infinitos, y no es creíble que su antiguo posesor quiera de grado perder tanta riqueza.*
>
> *España después de años de sufrimientos y desorganización debe estar abatida, en situación muy desgraciada; y sin el auxilio de fuerzas y fondos de otras naciones no puede acometer empresa tan grande como la reconquista de un mundo decidido a defender sus derechos.*[119]

Mientras Valle escribía sobre estos temas vinculados a la independencia americana y la formación de una liga de países del continente, la propuesta de Simón Bolívar se había puesto en marcha. El día 7 de diciembre de 1824 Bolívar convocó al Congreso de Panamá, el cual se reunió por primera vez el 22 de junio de 1826

---

[119] José Cecilio del Valle, "El Nuevo Régimen y la Santa Alianza" (El Redactor General nº 10, 3 de agosto de 1825) en *Obra Escogida*, pp. 237-238

con la presencia de Centroamérica, Perú, Colombia y México. Las sesiones terminaron el 15 de julio. Duró menos de un mes el encuentro, luego del cual se firmó un tratado de unión, liga y confederación perpetua para conservar la soberanía ante toda dominación extranjera. Pero a medida que pasaban los meses el Congreso iría perdiendo fuerza y sus decisiones quedaron sin efecto.

Al finalizar la reunión en Panamá, Valle dedicó un artículo en *El Redactor* que se publicó el 15 de septiembre de 1826, poco más de un año después del último que había escrito referido al tema. En este artículo, titulado "La Dieta Americana. El Congreso de Panamá", se compara el Congreso de Panamá con la Santa Alianza. En el escrito, Valle todavía muestra una mirada optimista en cuanto a los alcances del Congreso de Panamá; lo cual se aprecia en la comparación que realiza de los dos congresos:

Laybach y Panamá serán las sombras de las luces del Cuadro grande del mundo. En Laybach se afirmó más la liga odiosa que ha jurado la esclavitud de los hombres; y en Panamá se consolidará la alianza benéfica que ha de sostener su libertad.

Las repúblicas de América han nombrado sus plenipotenciarios dándoles instrucciones para los objetos que se proponen. Los Estados Unidos, Gran Bretaña y Brasil, invitados por Colombia al nombramiento de ministros, lo han hecho ya; y se dice que el gobierno francés tendrá también un agente en congreso.

… En el congreso de Panamá América va a hablar al mundo entero; y sus equivocaciones o errores serán patentes en toda la Tierra.

He aquí uno de los momentos más delicados para los destinos de este vasto continente. Panamá es el teatro donde América va a manifestar si es digna del papel que ha comenzado a representar; y todo el mundo va a ser espectador de la escena.[120]

---

[120] José Cecilio del Valle, "La Dieta Americana. El Congreso de Panamá" (El Redactor General nº 25, 15 de septiembre de 1826) en Ibíd., pp. 242-243

En el mismo texto, Valle toma fragmentos de la presentación que hizo el Abate de Pradt[121] en el Congreso de Panamá, en los que resalta que el Congreso debe servir para presentar a los americanos unidos y dar una clara señal a los europeos en general y a los españoles en particular. Valle rescata de sus palabras lo siguiente:

En Panamá, dice Pradt, América recogerá todas sus fuerzas para presentarse al mundo con la dignidad propia a conciliarse sus votos, y no pronunciará más palabras que aquellas en que podría reconocerse la flor de los talentos de Europa. Las actas de su congreso serán una especie de credenciales que América presentará a Europa para comprobar la mayoría de su genio, y la facultad de bastarse a sí misma.[122]

Al finalizar el artículo al que hacemos referencia, Valle dice que la obra de Pradt, de 1825, sobre el Congreso ha sido de gran importancia, tanto para los encargados de participar en dicho congreso, como para los americanos en general. Por tal motivo, decide publicar un resumen de la obra de Pradt, hecho por el propio Valle, llamada "Congreso de Panamá". El resumen tiene una extensión de unas cuatro páginas del que compartiremos los puntos más salientes a continuación.

Pradt señala al comienzo de su trabajo que el Congreso de Panamá tendría dos objetivos fundamentales; 1º acercar a España con América y que ello contribuya al cese de las hostilidades entre ambos; 2º que el congreso declare los principios del derecho público que deberían regir en el continente americano. En referencia al primer punto, Pradt sostiene que España está arruinada económicamente y que prolongar la lucha con sus colonias la puede poner en una situación de aislamiento total y quiebra, con lo cual

---

[121] Domingo Federido de Riom de Prolhac de Pradt, conocido como Abate de Pradt (1759-1837) Político y periodista francés impulsor de la independencia de Hispanoamérica. Amigo de Simón Bolívar y del Arzobispo de Malinas.

[122] José Cecilio del Valle, "La Dieta Americana. El Congreso de Panamá" (El Redactor General nº 25, 15 de septiembre de 1826) en *Obra Escogida*, p. 243

su no reconocimiento de la independencia la podría llevar a perder otros territorios que no están en riesgo, por el momento, como ser los de Cuba, Puerto Rico, Filipinas y Canarias. Así lo consigna en el resumen que nos presenta Valle:

> España no ha podido mantener su dominación sobre América, y sueña en una nueva conquista; no ha podido resistir a América en su infancia, y habrá de triunfar contra América que tiene todos los atributos de la fuerza!... ¿Qué puede pues hacer España contra América? Nada, absolutamente nada. Su guerra es un complemento de su ruina... Inglaterra era más poderosa contra América del norte que España lo es contra América del sur... Si España prolonga la guerra contra América, Europa será amenazada de diversos peligros. 1º Los mares del mediodía de Europa pueden ser invadidos por los barcos armados de América... España se halla como excluida del comercio de Europa... 2º La situación de España es tan contraria a toda sana noción de gobierno, que no puede menos de venir a dar una conmoción próxima...
> América no necesita armas contra Europa. Le basta cerrarse o abrirse en contra o a favor de ella: allí está el verdadero freno que se debe poner a las enemistades de que pudiera ser objeto. Supongamos a América descontenta de Inglaterra. No tendría necesidad de armarse contra ella: bastaríale suspender el comercio; Inglaterra no podría soportar esta suspensión; en todo el imperio británico se levantaría una voz que pediría la enmienda del error que hubiese dado mérito a este interdicto o exclusión... por una simple negación, América es más poderosa contra Europa, que ésta con todas sus fuerzas contra aquélla. Esta es una verdad elemental, sobre la cual no se puede insistir demasiado... América es respecto de Europa lo que fue Roma contra ella en tiempo del gran poder papal... *Fuera de América no hay salvación en dinero...* Y España se expone a este castigo prolongando la guerra...[123]

Pero la parte sustancial del escrito de Pradt es el que refiere al derecho público que regiría la vida de las nuevas naciones

---

[123] Abate de Pradt, "Congreso de Panamá" en Ibíd., p. 244

americanas. En este sentido, según el autor, el Congreso debería proponer lineamientos claros para que los países americanos pudieran relacionarse entre sí. Por ello propone los siguientes puntos: "1) un manifiesto en que se haga ver al mundo entero la justicia de América; 2) explicar su sistema de política para con las demás potencias de la cristiandad; 3) concluir un convenio de navegación y comercio entre todas sus partes como aliadas y confederadas; 4) arreglar la colonización eventual de todas las partes de América; 5) fijar los principios del derecho de gentes, principalmente con relación a las guerras marítimas; 6) determinar sus relaciones con los Estados que se han hecho independientes, y no están aún reconocidos…"[124]

Sugiere Pradt con respecto al punto 1º, que "sería un *lujo*" que dicho manifiesto se de a conocer en toda Europa; con respecto al punto 2º, dice que las distancias son las que marcan el derrotero de las relaciones entre América y Europa al decir "Inmensas distancias separan a una de otra. América no intervendrá en las demarcaciones territoriales de Europa,…; y por su parte, Europa tampoco se meterá en mantener la balanza política americana, o hacer que Chile prevalezca sobre Perú, o Perú sobre Chile, etc. Toda la política americana respecto de Europa se reduce a estas palabras: *Benevolencia para todos; Riqueza para todos; Igualdad de favores para todos; Neutralidad para todos; Reciprocidad para todos; y Amistad de parte de todos…*". En cuanto al apartado 3º, Pradt dice, "en América las relaciones marítimas dominarán y prevalecerán sobre todas la demás… Su territorio es muy extenso; la tierra espera todavía población… Pero otra cosa sucederá respecto de las relaciones comerciales: éstas van a multiplicarse, y es un acto de sabiduría previsora el de fijar principios generales y propios para prevenir las contestaciones que podrían suscitarse en una arena tan litigiosa por su naturaleza y en la que van a lanzarse tantos intereses…" El punto 4º, rechaza de plano cualquier intento de colonización o conquista del alguna o todas las partes de América; y se pregunta: "¿Qué derechos

---

[124] Ibíd., p. 245

tienen hombres de otros continentes para apropiarse el suelo de un continente extranjero, situado a una gran distancia, del que no han recibido injuria alguna, y someterse al doble yugo de sus leyes y de sus intereses, a las vejaciones de su administración y a los inconvenientes de su distancia?". El punto 5º, refiere al establecimiento del derecho público en el continente: "América desea el establecimiento de un código propio para fijar los principios conservadores de las relaciones marítimas y comerciales."[125]

En octubre de 1826, Valle escribe al Abate de Pradt como muestra de gratitud por la prédica que éste había tenido en favor de la emancipación de Hispanoamérica: *"Usted, Señor, es entre todos los escritores de Europa el que tiene más derecho a ella, Usted es el defensor elocuente y constante de los derechos del nuevo mundo...".* Le pide también que le envíe un retrato suyo, así, luego de realizar una copia para colocar en su biblioteca particular, pediría que se coloque el original en el salón del Congreso Federal; la carta termina pidiéndole que se dedique a escribir sobre Guatemala, *"con cuanta gratitud la leeríamos todos los hijos de este suelo! Cuanto nombre le daría la pluma de usted!"*[126]

A medida que pasaba el tiempo y el Congreso de Panamá iba perdiendo impulso, Valle comenzó a sentirse un poco desalentado en cuanto a la posibilidad de lograr la *gran alianza americana* en aquel momento, aunque no dejó de pensar que dicha empresa podría ser viable en el futuro. Inclusive llega a publicar en *El Re-*

---

[125] Ibíd., pp. 245-246

[126] De Valle al Abate de Pradt, 8 de octubre de 1826. En J. Valladares Rodríguez (Ed), *El Pensamiento económico de José Cecilio del Valle,* Publicaciones del Banco Central de Honduras, Segunda Edición, Tegucigalpa, 1969, pp. 171-172. Valle, sentía una particular inclinación por ubicar los retratos de las personas que él consideraba de más alta estima en lugares públicos. Ya había traído desde México un retrato de George Washington para poner en la Asamblea Constituyente, y luego procuraría hacer lo mismo con un retrato de Jeremy Bentham en el Congreso Nacional. L. Bumgartner, *José del Valle de América Central,* Editorial Universitaria, Tegucigalpa, Honduras, 1997, p. 344 y J. Valle y J. Valle Matheu (comp.), *Obras de José Cecilio del Valle.* Tomo I, Tipografía de Sánchez y De Guise, Guatemala, 1929, p. 78

dactor General del 15 de septiembre de 1826, una serie de escritos de Orazio de Athelis Santangelo[127], quien en abril de aquel año había comenzado a publicar en México "Las cuatro primeras discusiones del Congreso de Panamá, tales como deberían ser". Estos escritos, en los que el autor criticaba al presidente de México, Guadalupe Victoria, hicieron que debiera exiliarse en Estados Unidos por un tiempo. De todos modos, Valle publicó los dos primeros envíos (de los cuatro que estaban previstos) en los que Santangelo presenta una visión mucho más escéptica con respecto a la Santa Alianza de la que había esgrimido el Abate de Pradt. Santangelo sí creía en la posibilidad de que España con la ayuda de Santa Alianza intentara recuperar América. Esta postura se puede apreciar en estos dos párrafos que transcribimos a continuación, y que de alguna manera impactaron en el pensamiento de Valle, quien referirá a esta cuestión en una carta que envió a su amigo José María del Barrio en abril de 1828. Veamos primero lo que sostiene Santangelo:

En Europa no hay más que dos potencias de primer orden: Gran Bretaña y la Santa Alianza. La primera no tiene interés en que se establezca tal o cual forma de gobierno en las ex colonias españolas sino con respecto a las ventajas más o menos grandes que resultaran a su comercio. La segunda quiere que estas ex colonias vuelvan al estado que tenían en 1807…

Desde las conferencias de Aquisgrán y de París nunca se ha dejado de conspirar en Madrid y en el mismo París para volver las regiones de América al estado que tenían antes de su independencia. Nadie ignora cuánta parte han tenido en estos trabajos las so-

---

[127] Orazio de Athelis Santangelo (1774-1850) italiano de nacimiento, hijo de nobles, luchó junto a las tropas napoleónicas. Con la restauración de la monarquía en Nápoles volvió en 1820 a participar de los levantamientos liberales y tuvo que escapar a Estados Unidos en 1824 para evitar el arresto. En 1825 fue a México, donde también tuvo que huir tras la publicación de sus "Las cuatro primeras discusiones…" a New York. Volvería México y luego se involucró en la independencia de Texas. Retorna a New York y en 1848-49 participa de los movimientos liberales de independencia de Italia. Intentaría regresar a New York, pero muero en Civitavecchia antes de embarcar en enero de 1850.

ciedades secretas serviles de España, la de la Estrella, del Ancora Real de la Purísima y la Sangre, etc…

Y concluye Valle diciendo sobre el artículo de Santangelo: "El señor Pradt dice en Europa: *América nada tiene que temer de Europa;* y en América dice el señor Santangelo: *América debe temerlo todo de Europa.* He aquí una oposición muy clara de ideas en el asunto de más interés para el Nuevo Mundo. Ella nos manifiesta la necesidad de *pensar, discurrir, combinar y cultivar* una de las ciencias más olvidadas de América."[128]

Aparentemente, la visión de Santangelo comenzó a preocupar a Valle al ver que el Congreso de Panamá, trasladado ahora a la ciudad mexicana de Tacubaya, iba perdiendo fuerzas. No resigna su fe en el mismo pero advierte que las luchas internas podrían debilitar más a América con vistas a un eventual intento de reconquista por parte de España. De hecho, desde finales de 1826 hasta comienzos de 1829, Centroamérica debió hacer frente a una Guerra Civil, que terminó con el triunfo de las fuerzas comandadas por Francisco Morazán, dando comienzo a los que se conoció como la *Restauración.* Así las cosas, Valle manifiesta su preocupación a su amigo José María del Barrio:

He visto en *El Águila mejicana* un artículo que ha llamado mi atención. Dice que el presente no es el momento de la oportunidad para formar la Confederación Americana; que no puede acordarse con esta República porque a más de la revolución que la divide no podría cumplir sus empeños, ni con la de Colombia porque Bolívar la gobierna arbitrariamente y aspira a la dominación absoluta, ni con la del Perú, porque la amenaza un rompimiento de forma con Colombia, etc. Yo no sé qué idea (altamente depresiva) se tiene de nuestra República. En ella existen elementos grandes, y un gobierno ilustrado sabría desarrollarlos. Pero suponga cierto cuanto dice el autor de artículo. ¿Será prudente publicar a la faz de la Europa el mal estado de la América, y las di-

---

[128] Orazio de Athelis Santangelo, "Las cuatro primeras discusiones del Congreso de Panamá, tales como deberían ser" en *Obra Escogida,* pp. 251-252

ficultades de unirse la República en alianza para defender sus derechos? Con qué gozo leerá Fernando VII el artículo del Águila. ¡Y cuánta extensión darán a sus esperanzas los enemigos poco justos del Nuevo Mundo! No se hagan alianzas, si no se juzga conveniente. Pero no nos deprimamos unos a otros. Si es idéntica la causa que defendemos, ¿para qué debilitarla cuando no podemos darle nueva fuerza?[129]

Consideraciones finales

José del Valle no fue ni el primero ni el único en proponer la formación de una alianza continental de las nuevas naciones hispanoamericanas. Sí podríamos decir que sus propuestas no han sido muy difundidas por los historiadores que se han dedicado a analizar el tema desde una perspectiva hispanoamericanista, aún cuando algunos de sus escritos llegaron a oídos de Simón Bolívar a través de Bernardo de Monteagudo.[130] Probablemente el auto aislamiento en el que trabajaba Valle y su falta de redes políticas e intelectuales fuera de Guatemala hizo que sus propuestas no llegaran a tener la trascendencia de otros contemporáneos suyos que hicieron propuestas similares. Como señala Rubén Leyton Rodríguez: "A Valle le faltaron armas para ser un Capitán de América. Le hicieron falta los recursos económicos para una empresa de fuste continental. No lo rodearon los generales ni se vio ser objeto de las mirras y vítores de los soldados al retorno de las campañas conquistadoras de laureles. A Valle no lo magnificaron sus obras como los laureles de Pichincha o Maipó. Fueron otros sus escenarios: el gabinete de estudios, las proyecciones luminosas de los libros, las observaciones en el campo de los hechos, las experiencias obtenidas a través de sus meditaciones, la inestimable reflexión y conocimiento de los hombres…"[131]

---

[129] Carta de Valle a José María del Barrio, a México, 3 de abril de 1828 en Ibíd., pp. XV-XVI

[130] L. Bumgartner, "José Cecilio del Valle's Dream of Latin American Federation", en *Journal of Inter-American Studies*. Vol. 5, Nº 1 (Jan. 1963) pp. 105-106

[131] Rubén Leyton Rodríguez, *Valle, Padre del Panamericanismo*, Editorial Iberia, Tegucigalpa, 1955, pp. 79-80

El proyecto hispanoamericanista de alianza entre países independientes finalmente se mostró como poco viable en aquellas circunstancias. Era difícil imaginar que aquellas naciones que recién surgían, sin instituciones formadas oficialmente y con escasos recursos económicos, sumado a ello los crecientes conflictos internos que sufrían, pudieran concretar con éxito la creación de una Confederación Americana que garantizara la unidad e independencia de territorios que hasta hacía poco pertenecieran al Imperio Español. De todos modos, las propuestas de lograr esa alianza continental hay que entenderlas en el contexto en el que se proponían. De alguna manera, se buscaba presentar unido al continente emancipado frente a la amenaza de reconquista impulsada por Fernando VII, quien a su vez estaba apoyado por la Santa Alianza. Esto explica de alguna manera la permanente referencia que José del Valle hacía en sus escritos sobre esta Alianza.

Josefina Zoraida Vázquez explica que con Europa pacificada, los pueblos de Hispanoamérica no tenían la oportunidad que había tenido Estados Unidos para organizarse institucionalmente sin interferencia extranjera, ya que al momento de concretarse la misma, Europa se encontraba ocupada en las guerras napoleónicas. En cambio, cuando los países hispanoamericanos comienzan su proceso de organización institucional a comienzos de 1820, la España de Fernando VII contaba con el apoyo de la Santa Alianza, lo cual representaba una amenaza para la independencia de la región.[132] De todos modos, a medida que la amenaza de una posible reconquista disminuía, también disminuía la necesidad de lograr una Confederación Americana, a la luz de problemas más urgentes que surgían internamente en cada una de estas naciones.

Por otra, parte el reconocimiento que se hizo a la independencia de México, Colombia y Buenos Aires por parte de Estados Unidos, Gran Bretaña y Francia, a lo largo de la década de 1820, también fue una clara señal hacia España de que la reconquista sería algo muy poco probable y altamente costosa en caso de que

---

[132] Josefina Zoraida Vázquez, "Una difícil inserción en el concierto de las naciones", en Antonio Annino-François-Xavier Guerra (coord.) *Inventando la nación,* p. 259

Fernando VII quisiera intentarlo.[133] En este mismo contexto, no es menos significativo que el 2 de diciembre de 1823, el presidente James Monroe lanzara "su advertencia contra cualquier atentado europeo de colonización en el *hemisferio occidental,* dirigido también contra las pretensiones rusas en la costa del Pacífico…"[134], conocida como *Doctrina Monroe.*

Así las cosas, el entusiasmo de Valle en cuento a la implementación de este Congreso General fue perdiendo impulso a medida que veía cómo la reunión impulsada por Bolívar en Panamá se fue diluyendo cuando se traslada a México, al mismo tiempo que comienzan a surgir todo tipo de enfrentamientos internos en la mayoría de las naciones hispanoamericanas. En todo caso, estos acontecimientos no serían extraños en la región. De alguna manera, representan una lógica consecuencia de la revolución independentista que surge, no como deseo acumulado por los americanos, sino como consecuencia de los hechos que tuvieron lugar en España con la invasión napoleónica y la consiguiente farsa de Bayona por la cual los reyes españoles resignaron su corona a favor de José Bonaparte, hermano de Napoleón.

El propio Bolívar consignaba estas dificultades en su *Carta de Jamaica* de 1815.[135] Dadas estas circunstancias, podemos entender la dificultad que significó para las naciones americanas lograr un consenso interno y externo que facilitara la existencia del congreso continental. Como señala Guerra, ante esta inesperada situación las naciones americanas deben resolver varias cuestiones de un momento para otro, en medio de un contexto de gran inestabilidad política interna y externa. Seguramente, muchos de

---

[133] Ibíd., 2003, pp. 263-264. El reconocimiento a los otros países llegaría a partir de la década del cuarenta: "Ecuador en 1840, Chile en 1844, Venezuela en 1845, Bolivia en 1847, Nicaragua en 1851, Argentina en 1858, Costa Rica en 1859, Guatemala en 1863, Perú y El Salvador en 1865, Paraguay en 1880, Colombia en 1881, Uruguay en 1882 y Honduras en 1894." En Ibid, p. 268

[134] Ibíd., p. 262

[135] Françcois-Xavier Guerra, "El ocaso de la monarquía hispánica: revolución y desintegración", en Antonio Annino y Françcois-Xavier Guerra (coord.) *Inventando la nación*, p. 122-142

estos obstáculos son los que desalentaron a que Valle siguiera manifestándose sobre la idea del congreso o federación americana

Capítulo 4: Valle y el canal interoceánico

La idea de encontrar un pasaje de agua natural que facilite las comunicaciones y el comercio entre las dos costas del continente americano, así como su integración con Asia, ha estado presente desde el momento en que los españoles comenzaron la exploración del continente de forma sistemática a partir de la primera década del siglo XVI. Pero cuando la búsqueda de este pasaje natural fracasó, España comenzó a pensar en la posibilidad de construir un canal artificial para tales fines. En 1528 se propusieron cuatro canales alternativos en América Central: "desde el Lago Nicaragua hacia el Mar del Sur, desde el Río Chagres a Panamá, cruzando el istmo de Tecoantepec (sic), y desde Nombre de Dios a Panamá. En 1800 se agregó la posibilidad de dos canales más, desde Río Grande cerca de Panamá hasta el Río Chagres y desde el Río Caymito al Embarcadero del Río Trinidad." De todos modos, ninguno de estos proyectos vio la luz, y al llegar la independencia todo quedó en la nada.[136]

---

[136] Miriam Williford, "Utilitarian Design for the New World Bentham's Plan for a Nicaraguan Canal", en *The Americas*, Vol. 27 N° 1 (Jul, 1970) p. 75. Un detalle de estos planes de construir los canales se puede ver en: Archibald Ross Colquhoun, *The Key of the Pacific. The Nicaragua Canal*, Archibald Constable and Company, Westminster, 1895, Capítulo 6 y 7 e Ira Bennett, *History of the Panama Canal. Its Construction and Builders*, Historical Publishing Company, Washington D.C., 1915, Capítulo 15

El proyecto de Humboldt

Luego, en 1811 se conocería el estudio de Alexander von Humboldt sobre el Canal de Nicaragua. El prestigio de Humboldt hizo que su propuesta fuera considerada espacialmente, aunque él no hubiera recorrido Nicaragua en persona. Sus teorías se basaron en dichos de otros viajeros y expedicionarios, de viejos libros y manuscritos que hablaban sobre la región. Humboldt había viajado durante cinco años por gran parte de Hispanoamérica, convirtiéndose en el explorador más renombrado de su época (especialmente a partir de la década del veinte). Quizás esto permitió que se obviara el hecho de que sus teorías eran puras conjeturas y que no estaban basadas en su observación directa del lugar. Inclusive, muchos de los que se basaron en su obra para proponer sus propios proyectos de canal, omitieron la afirmación de Humboldt que sostenía que antes de elegir una ruta definitiva había que hacer estudios minuciosos de todas las ventajas y desventajas que ofrecían las rutas alternativas.[137]

Él pensaba que el Canal de Nicaragua presentaba las mejores condiciones de navegabilidad y que además sería una fuente natural de agua para el mismo, lo que lo haría favorable para barcos de mayores dimensiones. Pero, si el canal por Nicaragua no fuera viable, entonces habría que considerar rutas alternativas por el río Atrato. La época era propicia para estas propuestas ya que durante la segunda y la tercera década del S. XIX se estaban abriendo canales como el de Telford en Escocia y el canal Erie en New York. Esto impulsó a que representantes de Bogotá, Managua y México viajaran a Europa y Washington en búsqueda de apoyo logístico y financiero para impulsar la construcción de canales en estas ciudades. De manera tal que la idea de la construcción de un canal en Centroamérica era muy factible, al menos en el papel. Personajes de la talla de Telford y de Clinton (constructor del Canal Erie) comenzaron a analizar la posibilidad de construir un canal por Nicaragua. Sólo una persona presentó sus serias dudas

---

[137] David McCullough, *The Path Between The Seas. The Creation of the Panama Canal 1870-1914*, Simon&Schuster Paperbacks, New York, 1977, pp. 28-29

sobre esta posibilidad y fue Charles Biddle, enviado por el Presidente Andrew Jackson, quien habiendo viajado por el río Chagres y Panamá, concluyó que el proyecto era absurdo, y ni siquiera se molestó en viajar a Nicaragua.[138]

La independencia y el Canal

En Centroamérica la idea cobra importancia e impulso desde el momento de los levantamientos emancipadores. Tanto los políticos como los hombres de negocios sabían del envión que le podría dar a toda la región la construcción de un canal que pudiera unir los dos océanos. Éste representaría beneficios no sólo económicos sino que también en cuanto al rol en la política internacional que podría jugar Centroamérica dado la posición estratégica que tendría para la comercialización de los productos y materias primas que estaban involucrados en el desarrollo de la revolución industrial.

De hecho, la idea del Congreso Continental muchas veces viene acompañada del proyecto del canal interoceánico. Un par de ejemplos nos brinda García Laguardia en el prólogo que realiza en la *Obra Escogida* de Valle. Primero nos habla de la propuesta que formula Juan Nepomuceno Troncoso en la que habla de crear una Confederación Continental que debería fomentar "la fundación de un banco nacional, un montepío de labradores y la apertura del Canal de Panamá".[139] Esta proposición la realiza el 11 de octubre de 1825 en el periódico *El Indicador,* el cual había comenzado a publicarse en Centroamérica a fines de 1824, con el objeto de expresar la opinión de un sector de los que en ese momento representaban la facción "conservadora" (la facción "liberal" lo hacía por medio de *El Liberal* fundado a mediados de marzo de 1825).

---

[138] Ibíd., pp. 30-31

[139] Jorge Mario García Laguardia, *José Cecilio del Valle. Obra Escogida,* Biblioteca Ayacucho, Caracas, 1982, p. XVII

El segundo caso que nos proporciona García Laguardia es el de George Alexander Thompson, quien en los capítulos 14, 15 y 16 de su "Narrative of An Official Visit to Guatemala from Mexico"[140] da cuenta de los proyectos que se están considerando para construir un canal en Nicaragua. En uno de esos relatos, destaca una comida que tuvo con el Presidente de las Provincias Unidas de América Central Manuel José Arce en la que nos indica que: "La conversación giró después sobre la situación céntrica de la República y las consiguientes facilidades para comerciar y mantener relaciones con Jamaica, sino también, por medio de ésta con el Perú y Chile. Se discutió también acerca de la proyectada navegación por el lago de Nicaragua, mediante la cual se facilitaría tanto el comercio británico con la China y las Indias Orientales, así como sobre otros asuntos de tanta importancia comercial para la República como para el imperio de la Gran Bretaña."[141]

La propuesta de Bentham

Inclusive hasta el filósofo utilitarista inglés, Jeremy Bentham, ha escrito sobre la necesidad de un canal interoceánico en Centroamérica. El *utilitarismo benthamita* representó la opción al fracasado intento de implementar las ideas ligadas al iusnaturalismo que echaban raíz en algunos estados latinoamericanos luego de la independencia, por tal motivo no fueron pocos los patriotas hispanoamericanos que visitaron su casa de Londres desde comienzos del siglo XIX. Bentham fue un gran impulsor de estos hombres que luego liderarían los movimientos emancipadores en toda Hispanoamérica. Inclusive, en los últimos años de su vida estableció una corta pero intensa relación epistolar con José del Valle a quién llegó a considerar como uno de sus discípulos.[142] De todos

---

[140] George Alexander Thompson, "Narrative of An Official Visit to Guatemala from Mexico", en Fraklin Dallas Parker, *Travels in Central America 1821-1840*, University of Florida Press, Gainsville, Florida, 1970,

[141] George Alexander Thompson, "Narrative of An Official Visit to Guatemala from Mexico", citado en Jorge Mario García Laguardia, *Obra Escogida*, p. XLV, cita nº 34

[142] Para un detalle de esta relación ver: Alejandro Gómez, "José del Valle: un *benthamita* en Centroamérica", en *Anales de la Academia de Geografía e Historia de Guatemala*, Tomo LXXXIII, 2008, pp. 83-116

modos, es interesante observar que el proyecto que Bentham esbozó sobre el Canal no llegó a manos de Valle, de manera que cuando éste escribió sobre el mismo no tenía conocimiento de lo que había escrito el filósofo inglés en 1822.

Una de las propuestas menos conocidas de Bentham es el escrito sobre el canal interoceánico escrito, presumiblemente, entre el 20 y el 24 de junio de 1822. Según Miriam Williford, a quien seguimos en este tema, el texto de Bentham lleva por título "Junctiania Proposal as June 20 to 24 1822". Su propuesta indica la construcción de un canal por Nicaragua, en tierras cedidas por México (recordemos que en aquel momento Centroamérica estaba anexada a ese país) y la encargada de la construcción sería una compañía británica. La ruta escogida uniría el Océano Atlántico por el Río San Juan, de ahí al Lago Nicaragua, y de ahí hacia el Pacífico a través del Río león hasta el Lago León. Destaca las ventajas de la ruta por su bajo nivel de elevación entre océanos, la gran profundidad de los lechos de agua, así como la corta distancia de los canales a construir.

Junctiania sería el nombre del nuevo estado que se crearía en la región del canal. La compañía debería comprar esas tierras e indemnizar a los indios que habitan en las mismas al precio presente; así como pagar la construcción de toda la infraestructura para realizar la obra. Bentham establece que todas las naciones deberían pagar el mismo derecho de tránsito sin distinción. De todos modos, no aconseja que la compañía encargada de la construcción y administración del canal fuera la que gobernara Junctiania, ni tampoco lo podrían ser México o Colombia, los dos países limítrofes al norte y al sur respectivamente. Bentham consideraba que había que promover un tipo de gobierno *utilitario* (tal como lo venía proponiendo en sus escritos políticos y filosóficos) cuyo objetivo fuera promover "la mayor felicidad para el mayor número de personas"; en tal sentido, según su análisis sólo Estados Unidos podría estar en condiciones de asumir ese rol, aunque remarcaba que no se aceptaría ningún tipo de esclavitud en el nuevo estado soberano. Además, Estados Unidos con su presencia desalentaría cualquier potencial ataque exterior con intenciones de dominar el canal (especialmente de las potencias europeas).[143]

Luego, Bentham se dedica a explicar cómo convencer a México para que ceda el terreno y las ventajas que ello le traería, al tiempo que busca persuadir tanto a este país como a Colombia de que la creación del nuevo estado de Junctiania traería la civilización y el progreso para ambas naciones. Además, el canal beneficiaría al resto del mundo gracias a los grandes ahorros, de tiempo y dinero, que el mismo acarrearía al comercio mundial, en plena expansión en aquella época. Pero el plan de Bentham no era un diseño de ingeniería, sino un proyecto político y económico que luego debería consolidarse en la construcción de un canal que fuera viable para la época dados los límites de la ingeniería de ese momento.[144]

De todos modos, su proyecto pronto quedó desactualizado ya que, como vimos, Centroamérica se separó de México y Bentham debió buscar nuevas alternativas para impulsar el mismo. Fue así que puso su mira en Centroamérica y para ello se puso en contacto con José María del Barrio (amigo de José del Valle) quien en aquella época se encontraba en Inglaterra buscando el reconocimiento de la independencia de Centroamérica. Bentham pensó en colaborar con del Barrio en su cometido al tiempo que intentaba seducirlo para que impulse su proyecto de canal interoceánico. Como señala Williford, no se sabe qué pasó con el plan de Bentham ni la importancia que le dio al mismo José del Barrio. En las cartas que se encuentran en el libro "Cartas de José Cecilio del Valle" con prólogo de Rafael Helidoro Valle hay misivas fechadas entre 1827 y 1831, en ellas Valle y del Barrio hablan de la obra y las ideas de Bentham, aunque no hay ninguna mención del proyecto Junctiania en las mismas.[145]

---

[143] Miriam Williford, "Utilitarian Design for the New World Bentham's Plan for a Nicaraguan Canal", en *The Americas*, Vol. 27 Nº 1 (Jul, 1970) pp. 76-78.

[144] Ibíd., pp. 80-82.

[145] Ibíd., pp. 83-84. Ver: José Cecilio del Valle, *Cartas de José Cecilio del Valle*, Universidad Nacional Autónoma de Honduras, Tegucigalpa, 1963

Valle y el Canal

Por su parte, José del Valle unos años antes al escrito de Bentham, había considerado que debido a la estratégica ubicación geográfica de la que gozaba Centroamérica, ésta sería llamada a ocupar un lugar central en el desarrollo económico de las naciones hispanoamericanas. Así lo consignó en su artículo de *El Amigo de la Patria* del 22 de mayo de 1821 en el que al analizar las características geográficas de Guatemala (en el momento de escribir el artículo el término Guatemala se utilizaba para identificar todo Centroamérica así como al Estado de Guatemala, Valle al hablar de Guatemala en este artículo refiere a todo Centroamérica) sostiene que por su ubicación, Guatemala "tiene ventajas que no goza la Francia, ni disfruta España, ni logra Alemania." Y agrega:

Prolongándose entre dos mares tiene mayor número de puntos en contacto con sus aguas: entrándose o retirándose de ellas, tiene más puertos al norte y al mediodía: angostándose en su latitud, y dilatándose en su longitud, las distancias respectivas de los puertos son pequeñas y fáciles de vencerse: siendo larga y angosta, el plan de sus caminos es menos dispendioso que en otros países cuya figura forma un círculo inmenso… En Guatemala trazando por el medio una línea prolongada desde su divisoria de N.E. hasta Costa Rica se abriría la comunicación interior entre las extremidades más distantes; y haciendo caminos a una y otra banda desde la misma línea trazada hasta los puertos principales se abriría la comunicación exterior atravesando solamente 20, 30, o 40 leguas… el comercio se dilataría por uno y otro hemisferio: los frutos no se podrirían o dejarían de exportarse por falta de comunicación: la agricultura que extiende sus cosechas a proporción que el giro dilata sus relaciones sería tan vasta como puede serlo: la provincia de Guatemala llegaría a ser la plaza central del comercio de ambas Américas, y sabiéndola dividir en las secciones que exige en extensión y figura: desarrollándose en su totalidad los efectos de la Constitución, adquiriendo más energía el Gobierno, no carecería de los bienes de que parece privarle su figura angosta y prolongada… No es delirio o ilusión. Es una verdad que podrá probarse al grado de evidencia…[146]

Como se dijo, la influencia de las ideas de José del Valle era notable. Entre ellas, "importa destacar la convocatoria a una asamblea general de "ambas Américas" (Nueva España y Sudamérica) hecha por el Congreso Federal de Centroamérica el 13 de noviembre de 1823. El proyecto de esa convocatoria es importante por haberse efectuado con más de un año de anticipación a la circular de Bolívar invitando al Congreso de Panamá, y por reiterar en sus considerando el objetivo de la *comunidad económica*."[147] Ya lo había dicho Valle en un artículo de El Amigo en el que sostuvo: "Que en la provincia de Costa Rica o de León, se formase un Congreso General, más expectable que el de Viena, más importante que las dietas donde se combinan los intereses de los funcionarios y no los derechos de los pueblos".[148] La convocatoria al Congreso y la construcción de un canal interoceánico, son temas que estaban presentes en las mentes de muchos patriotas americanos, pero pocos los expresaron tan claramente como José del Valle. Ya hemos visto con detalle las características y el análisis que hizo el hondureño en cuanto al rol que debería desempeñar el Congreso Continental. Veamos ahora cuál fue su mirada en cuanto a la construcción del canal de Nicaragua.

La polémica elección presidencial que dio el triunfo al salvadoreño José Manuel de Arce, había decepcionado profundamente a José del Valle, especialmente por el manejo del Congreso, ya que tenía la ilusión de asumir la primera magistratura de Centroamérica. Su pensamiento en cuanto al episodio de la elección presidencial llegó el 20 de mayo de 1825 a través de su *Manifiesto a la Nación de Guatemala*.[149] En esa

---

[146] *El Amigo de la Patria*, n° 3, 22 de mayo de 1821, pp. 24-25

[147] Ricaurte Soler, *Idea y Cuestión Nacional Latinoamericanas de la independencia a la emergencia del imperialismo*, Siglo Veintiuno, México, 1987, p. 52

[148] *El Amigo de la Patria*, n° 24, 1 de marzo de 1822, p. 235

[149] "Manifiesto a la Nación de Guatemala 20 de mayo de 1825", en J. Valle y J. Valle Matheu (comp.), *Obras de José Cecilio del Valle*, T. I. Tipografía de Sánchez y De Guise, Guatemala, 1929, pp. 64-82

proclama hacía una síntesis de su vida pública desde 1821 hasta el momento de la elección, explicando que no hacía esto por interés personal, sino como obligación moral ante aquellos que lo habían honrado con el voto para presidente. Fiel a su estilo, presentó una descripción pormenorizada de sus labores en las distintas funciones que desempeñó desde la redacción del Acta de Independencia hasta su último cargo público como integrante del Segundo Triunvirato. A partir de ese momento, Valle manifiesta que deseaba dedicarse a sus asuntos particulares, los cuales había descuidado por ofrecer sus servicios a la patria, y principalmente a retomar el "*estudio en las delicias del retiro y la soledad*".

De todos modos, este auto exilio político en el que se encontraba Valle no duraría mucho, ya que en diciembre de 1825, después de seis meses de retiro de la vida pública, y cuando se encontraba con su familia en la estancia La Concepción (como solía hacerlo cada fin de año), Valle se enteró de que las ciudades de Guatemala y Chiquimula (por el Estado de Guatemala) y la de Santa Bárbara (por el Estado de Honduras) lo habían elegido diputado para el Segundo Congreso Nacional a reunirse el 1º de marzo de 1826. En primera instancia, Valle rechazó dicho cargo por razones de salud y cansancio, pero al serle rechazada la misma por la comisión de credenciales, tuvo que integrarse al Congreso unas semanas más tarde.[150]

Los debates en el Congreso

Del análisis de sus discursos como diputado, y de los proyectos que presentó durante su permanencia en el Congreso Federal, se puede apreciar que Valle intentó promover aquellas ideas sobre las que venía trabajando desde comienzos de la década de 1820. Precisamente, uno de los proyectos a los que dedicó su atención es el que nos ocupa en este capítulo como ser el de la construcción del un canal interoceánico por Nicaragua.

---

[150] L. Bumgartner, *José del Valle de América Central*, Editorial Universitaria, Tegucigalpa, 1997, pp. 328-329

En las sesiones del 27 de abril y del 2, 12 y 18 de mayo de 1826, Valle hará una presentación en la Cámara de Diputados, en el que ponía a consideración su opinión sobre el proyecto de construcción del canal. Los textos de su exposición se encuentran reproducidos en *Obras de José Cecilio del Valle* compiladas por J. Valle y J. Valle Matheu, bajo el titulo "El grandioso proyecto del canal de Nicaragua y la ambición extranjera", que es de donde sacaremos los párrafos que reproducimos a continuación. En el discurso del día 27 de abril hará referencia al aspecto político del canal; y en el del día 2 de mayo, se hace referencia a los aspectos económicos del mismo. A los fines de este libro, seguiremos el orden que dio Valle a su exposición para poder analizar su propuesta a cabalidad.

Valle comienza su alocución recordando que el tema del canal se venía discutiendo desde hacía más de 200 años, sobre todo por la posición estratégica que ocupa Centroamérica, dando una especificación de ella. "Un Estado vasto, fecundo en su territorio, rico en sus producciones, colocado en medio de las dos Américas, situado entre dos mares, hermoseado por un lago de 70 a 80 leguas de largo y de 25 a 30 de ancho, que por una parte envía sus aguas al océano del norte por el río de San Juan, y por otra no dista del Pacífico más que 7 leguas en unos lugares y 4 en otros, es cuadro hermoso, propio para inspirar proyectos, estimular a empresas y excitar a especulaciones."[151] Es interesante apreciar que rápidamente destaca Valle la muy probable aparición de especuladores y oportunistas en la eventual construcción del canal, algo que terminaría sucediendo décadas más tarde cuando se produce la puja por la construcción del canal en Nicaragua o Panamá.

Si bien Valle reconoce todos los beneficios que traerían aparejada tal construcción y el entusiasmo que la misma produce en los pobladores de la región, también, fiel a su estilo, rápidamente llama la atención sobre las dificultades que presenta el proyecto.

---

[151] José del Valle, "Sesión del Congreso del 27 de abril" en José del Valle y Jorge del Valle Matheu (compiladores), *Obras de José Cecilio del Valle*, p. 132

Valle se plantea cuatro interrogantes con respecto al canal y pasa a contestarlos minuciosamente. Las cuatro cuestiones son:

1ª. ¿Puede abrirse un canal de comunicación entre los dos océanos haciendo navegable el río de San Juan y cortado el terreno que hay entre el lago de Nicaragua y el mar Pacífico?
2ª. ¿Debe abrirse en el caso de ser posible su aperción?
3ª. ¿Conviene abrirlo en el momento presente o debe diferirse su apertura a otros tiempos y circunstancias?
4ª. Cuando convenga abrirlo, ¿debe fiarse la empresa a una compañía extranjera, o hacerse de cuenta de la nación o sus hijos?[152]

Valle, teniendo en cuenta la magnitud de la inversión económica, y el impacto geopolítico que la obra tendría, invita a sus colegas de la Cámara de Diputados a analizar detenidamente cualquier medida que se tomara en tal sentido ya que las consecuencias serían determinantes para el futuro de la región. El primer punto de su análisis se refiere a la posibilidad fáctica de abrir el canal. Valle destaca que para saber si se puede construir el canal hace falta realizar diversos estudios del terreno que todavía no se han concretado. Los estudios que se habían hecho hasta ese momento eran incompletos e imprecisos como para tomar una decisión tan trascendental para Guatemala. Al respecto dice en su discurso:

No tenemos todavía cartas, ni planos, ni croquis exactos. La que formó el ingeniero don Juan Bautista Jáuregui el año de 1818 de lo que se llamaba reino de Guatemala es entre las que he visto la menos defectuosa, y no están en ella determinados los grados ni designada la escala. El Croquis del río de San Juan y su puerto hecho en 1790 por el ingeniero don José María Alexandre no está arreglado, como confiesa él mismo, a posiciones y distancias bien determinadas, sino fundado en el conocimiento y cortas observaciones que hizo a su tránsito por él. El Croquis de la laguna de Nicaragua que se encontró entre diversos papeles del Coronel

---

¹⁵² Ibíd., p. 133

Roberto Hogdson tampoco es exacto, ni está conforme con el anterior, ni tiene escala. El plano *ideal* del río de San Juan, lago de Nicaragua y terreno que lo separa de la costa del sur hecho en 1823 según las indicaciones de don Manuel Antonio Cerda manifiesta en su mismo título que tampoco hay en él exactitud, grados, ni escala.[153]

Como era su costumbre, Valle era un profundo conocedor de los temas sobre los que emitía opinión. Prueba de ello es la magnífica biblioteca que poseía para los estándares de la época en la región, en la cual se destaca una amplia colección de mapas de Centroamérica.[154] Ante la falta de datos precisos Valle afirma: "Debemos confesarlo con franqueza. No podemos decir si es posible o imposible la apertura del canal. Nos faltan datos aún para formar este juicio que es el primero en el orden de todos los que exige un proyecto de tanta magnitud."[155] Vale la pena en este punto resaltar esta afirmación de Valle, ya que es otra de sus características personales. Valle ha sido muy criticado en su época y luego por algunos estudiosos del período en que se desempeñó por ser mesurado y precavido. Cuando Valle asumió este tipo de posturas en la política se lo acusó de acomodaticio o especulador, pero en realidad vemos que la misma postura la asumía en todos los temas que trataba. Valle era una persona cautelosa y prudente por naturaleza. Aún en un período de excesos políticos y patrióticos, él mantenía su cabeza fría y calma. Lo mismo podemos observar en el análisis que hace con respecto a la construcción del canal.

En el segundo punto de su discurso, Valle sostiene que si hechos los estudios que sugería en el primer punto, los resultados arrojaban conclusiones favorables para su construcción, él sería "el primero a decir que debe ejecutarse oportunamente"; ya que

---

[153] Ibíd., pp. 133-134

[154] Una parte considerable de estos mapas se encuentra en la colección "José del Valle" de la Biblioteca Ludwig von Mises de la Universidad Francisco Marroquín de Guatemala.

[155] José del Valle, "Sesión del Congreso del 27 de abril", en Ibíd., p. 134

114

"[n]o abriéndose en América otro canal que el de Nicaragua, serían para nosotros inmensos los bienes e infinitas las consecuencias. La mente más vasta no puede abrazarlas en su totalidad. Una revolución extraordinaria se haría de repente en la suerte de Nicaragua y en los destinos de esta República y del mundo nuevo y antiguo."[156]

Y a continuación destaca el rol del comercio al definirlo como "el árbitro poderoso de los estados modernos". Gracias al canal se acortarían las distancias y se acercarían los mercados de Asia, Europa y América; "no tendría que dar la vuelta a toda la América y subir al cabo de hornos para tener relaciones mercantiles con los pueblos" de otras latitudes. "Por vía más breve sin tantos riesgos ni peligros haría sus negociaciones con la Nueva Holanda, la India y la América ahorrando centenares de leguas, aprovechando todos los meses del año, y economizando fletes marítimos y gastos." De este modo, "[e]l movimiento del comercio sería más rápido. Las especulaciones se multiplicarían. El precio de todos los géneros bajaría en beneficio de los pueblos. La tierra sería más labrada, las fábricas más animadas y los almacenes más llenos. La marina aumentaría poderosamente. El género humano estrecharía sus relaciones. La población del mundo se duplicaría o triplicaría. Las luces de Europa pasarían a la India y la América. La civilización universal haría progresos infinitos. Las razas mejorarían cruzándose unas con otras… Nicaragua sería el emporio primero del comercio. Nicaragua sería el centro desde donde se derramaría la riqueza a nuestra República en particular, y a la América y el Asia en general."[157]

Se aprecia en el párrafo precedente la influencia del pensamiento de Adam Smith a favor del libre comercio y los beneficios que dicha política económica traería a todas las naciones del orbe. Valle tenía un amplio conocimiento de las nuevas doctrinas económicas. De ello da cuenta en varios artículos de *El Amigo de la*

---

[156] Ibíd., p. 134
[157] Ibíd., pp. 134-135

Patria[158], también en la memoria que presenta al terminar su función como miembro del Segundo Triunvirato[159] y especialmente en un texto que escribiría en 1832 titulado *Memoria Sobre el Abasto de Carne*, en el cual hace un análisis pormenorizado de las escuelas económicas. En este trabajo, mencionaba a diversos autores, a los que dividía en tres grupos: *mercantilistas, fisiócratas y liberales*. En su análisis Valle destacaba que si bien los integrantes de estas tres corrientes tenían diferentes enfoques en cuanto a qué es lo que generaba la riqueza de un país todos coincidían en que, en lo referido al comercio interior, el principio que debía imperar era el de la libertad de mercados. Para sustentar su opinión, mencionaba a los que consideraba los exponentes más importantes de cada escuela; Montesquieu y Genovesi, en el primer grupo; Quesnay y Bandini, en el segundo; y Smith, Filangieri, Jovellanos, Ganilh, Storch, Bentham, Say y Flórez Estrada, en el tercero.[160] Este análisis que haría en 1832, tiene un adelanto en lo que expuso en cuanto a los grandes beneficios que traería a la región y al resto del mundo la apertura del canal de Nicaragua y el fomento del comercio internacional que se deduciría del mismo.

En el tercer punto de su exposición, Valle se hace una pregunta fundamental que refiere a la oportunidad de la construcción del canal. Conociendo los beneficios que traería el canal, tanto en lo político como en lo económico, igual plantea el siguiente interrogante: "¿será [el presente momento] el de la oportunidad para emprender una obra tan grandiosa?". Nuevamente aflora aquí su moderación y cautela. Recuerda el propio Valle que con anterioridad él había sido "uno de los defensores más exaltados en este proyecto"; pero que luego de meditar detenidamente sobre sus benéficas consecuencias, también conoció "la necesidad de ser cauto o circunspecto en obras tan grandes como la presente". Ya

---

[158] *El Amigo de la Patria*, nº 2, 26 de octubre de 1820, nº 12 de 6 de enero de 1821 y Tomo II, nº 2 de 15 de mayo de 1821

[159] "Memoria sobre el Plan de Acuerdos y Providencias del Supremo Poder Ejecutivo de Guatemala, en el año de 1824 y principios de 1825", en: J. Valle y J. Valle Matheu (comp.), *Obras de José Cecilio del Valle*, T. I. pp. 47-63

[160] "Memoria Sobre el Abasto de Carne", en Ibíd., pp. 265-285

en una nota de diciembre de 1824 que había enviado a la Asamblea Nacional, llamaba la atención sobre las consecuencias políticas que podría tener sobre Nicaragua la construcción del canal y por ello sugería que en el caso de decidirse contratar a una empresa para su construcción, se debía "poner a la provincia de Nicaragua en el mejor estado de defensa".[161]

Valle temía que el canal atrajera la codicia de naciones más poderosas que querrían tomar el control de la región, la cual todavía no estaba en capacidad de defenderse de un eventual ataque de las potencias extranjeras. Sus temores los justifica en sus conocimientos de la historia y ofrece ejemplos que según su visión los confirman:

> Todos los puntos o lugares del globo han sido objeto de celos y rivalidades desde el instante en que les ha puesto en estado de ser interesantes al comercio. Lo era en el Mediterráneo la isla de Malta, y por serlo fue sucesivamente conquistada por la Francia y la Inglaterra. Lo era Gibraltar en el mismo mar. España estaba en posesión pacífica; y los ingleses tomaron aquella fortaleza en 1704 y continúan hasta ahora dueños de ella. Lo era la isla de Córcega en el mar de Toscana; y por la importancia de su posición fue ocupada por los cartagineses, los romanos, los sarracenos, los genoveses, etc. Lo era la Isla de Sicilia, y por sus ventajas para las relaciones del comercio, fue también conquistada por los sarracenos, los españoles, los franceses, etc. Lo era el cabo de Buena Esperanza después que lo descubrieron los portugueses por su ventajosa situación para el comercio de la India Oriental se estableció en él una compañía Holandesa: los ingleses lanzaron después a los holandeses en 1795: los franceses intervinieron posteriormente; y en el tratado de Amiens se estipuló su restitución a la Holanda.[162]

Por estos mismos motivos, Nicaragua sería objeto de codicia por parte de los imperios y compañías comerciales. Valle destaca

---

[161] José del Valle, "Sesión del Congreso del 27 de abril", en Ibíd., p. 135
[162] Ibíd., pp. 135-136

en este sentido un par de textos que refuerzan sus temores. El primero es una memoria escrita por Bryan Edwards en la que *"empleó diversas razones para manifestar al gobierno inglés que debía apoderarse del istmo de Nicaragua por la fuerza o por negociaciones"*; el segundo es un trabajo de 1821 en el que se dice que los *"ministros ingleses no han perdido de vista tan grande asunto, ni otros datos que sobre lo mismo se les han comunicado por varios sujetos instruidos que habían residido en la bahía de Honduras"*. Y agrega en su alocución ante el Congreso de Centroamérica que: "En otros papeles ingleses sobre el comercio de la India se ha dicho que el *istmo de Darién es una legua de tierra muy estrecha entre San Blas y los indios mosquitos: que Portobelo, Chagres y Panamá pueden considerarse como la llave de todo el País, y deben pertenecer al fin a una de las grandes potencias de Europa y no a los Estados Unidos de América."*[163] Claramente estos temores de Valle se alinean con el tema de la necesidad de conformar un Congreso Continental que sirviera, entre otras cosas, a la defensa de ataques exteriores, especialmente de potencias extranjeras. Así mismo, podemos interpretar la sanción de la *Doctrina Monroe* de 1823, por la cual Estados Unidos pretendía alejar toda influencia europea de la región.

Valle, no buscaba ofender ni acusar a los gobiernos extranjeros, aunque decía que "el carácter más grande de un cuerpo legislador debe ser la previsión", debía ocuparse no solo de las cuestiones inmediatas sino también de aquellas que atañen al futuro de la nación. El canal convertiría a Nicaragua en "el punto más importante del mundo"; y muy probablemente en blanco de la codicia y el interés de las potencias extranjeras. "Nuestra República acaba de proclamar sus derechos y crear su gobierno. Su independencia no está todavía consolidada. Ninguna potencia de Europa la ha reconocido hasta ahora. No está aún organizado todo el ejército ni creada la hacienda que puede tener. Hay disputa sobre los límites… Nuestra República está tierna todavía. Abrir ahora el canal es poner en ella la manzana peligrosa de la discordia: es sembrar la semilla de los celos y rivalidades extranjeras

---

[163] Ibíd., p. 136

cuando no tenemos todavía desarrolladas nuestras fuerzas."[164] No le faltaba razón a Valle al señalar todas las carencias que tenía Centroamérica en general y Nicaragua en particular. Su discurso suena como una premonición de la guerra civil que se desataría en la región unos meses después y que duraría hasta comienzos de 1829.

La apertura del canal, además le daría a Nicaragua una función clave en el comercio internacional, como ser la de fijar aranceles y derechos de importación y exportación, así como las tarifas de tránsito a través del mismo. Dice Valle: "Todas las naciones quedarían en este sentido dependientes de la nuestra. ¿Y Estados más ricos y poderosos que el nuestro querrían sufrir aquella dependencia? ¿Estados antiguos que saben concebir, preparar y ejecutar planes vastos querrían sufrir las leyes que dictásemos?"[165] Valle temía por la fragilidad defensiva de la región y sobre todo lo que podría suceder una vez construido el canal. "Nicaragua sin canal no ofrece tantos atractivos como Nicaragua con canal. En Nicaragua sin canal no hay para ocuparla los motivos o pretextos que puede haber en Nicaragua con canal." El peligro de otorgar la construcción a una compañía extranjera sería el de hacerla mucho más vulnerable a los designios de dicha empresa. Inclusive, sostiene que aun construyendo fortalezas e imponiendo condiciones y cláusulas a la compañía constructora, igualmente siempre estarían condicionados a la buena voluntad de los propietarios de dicha compañía. Valle sostiene su argumentación en el ejemplo de Gibraltar que "es una fortaleza de las más grandes de Europa; y fue ocupada por los ingleses. Gibraltar pertenecía a una nación que tenía entonces riqueza, poder y gobierno consolidado y fue ocupada por los ingleses."[166] ¿Qué no podría pasarle a Nicaragua bajo condiciones aún menos favorables?, se pregunta nuestro autor.

Por ello, sostiene que no hay que apurar los acontecimientos ni precipitarse en la construcción de un canal que si bien sería

---

[164] Ibíd., pp. 136-137
[165] Ibíd., p. 137
[166] Ibíd., p. 137

muy beneficioso para el país también acarrearía mayores peligros de los que existen hasta el momento de cara a consolidar la independencia recientemente ganada a manos de España. Por ello dice: "Consolidemos nuestra independencia: apoyémosla en las dos fuerzas que deben sostenerla, la moral y la física: pongamos en buen estado nuestras relaciones exteriores: sigamos planteando y afirmando nuestras instituciones; y concluidos estos trabajos cuando estén más desarrollados nuestros elementos, pensemos entonces en empresas que ahora serían peligrosas." Por este motivo sostiene que "el momento presente no es el de la oportunidad para abrir el canal de Nicaragua."[167]

Para finalizar su presentación en el cuarto punto de su discurso Valle analiza el caso de que aun cuando él no aconseja la construcción en ese momento, igualmente se decidiera emprender la misma. En este caso sostiene que si finalmente se optara por abrir el canal, éste no debería ser construido por una empresa extranjera. El temor que tenía Valle lo hace reflexionar presentando una analogía entre lo que sería el comportamiento de una familia y el de una nación. Por ello, dice que si una familia debiera hacer arreglos o adelantos en su finca no encargaría los mismos a un agente externo para que lo hiciera y luego se cobrara por medio del usufructo de la finca. Y del mismo modo debería comportarse "un gobierno que sea padre de los pueblos que dirige". De ello deduce que si no se cuentan con fondos suficientes para construir el canal habrá que procurarse los mismos por medio de un préstamo. No se "debe buscar compañías extranjeras para que vengan a levantar obras que pueden ser peligrosas, y recibir sus productos y gozar por multitud de años".[168]

La postura de Valle con respecto a las empresas extranjeras no implica un enfoque dogmático sobre el asunto. Por el contrario, él sostiene que su visión del tema tiene que ver con la situación presente de Centroamérica y no con un rechazo a las inversiones directas por parte de compañías provenientes de otros países.

---

[167] Ibíd., pp. 137-138
[168] Ibíd., p. 138

Estima que las naciones consolidadas y con ejércitos organizados pueden confiar la construcción de obras estratégicas a empresas extranjeras ya que las mismas no podrían tomar ventajas sobre las obras una vez concluidas. En caso de pretender hacerlo las naciones en cuestión podrían ejercer su derecho de legítima defensa sin dilación. No sería este el caso del canal de Nicaragua ya que la nación todavía no presentaba equivalencia de sus fuerzas armadas con respecto al de naciones más adelantadas. Valle presenta su argumento de la siguiente manera:

> Los caminos públicos, las comunicaciones libres, dice un hombre de luces hablando a los nuevos estados de América, hacen la riqueza de un pueblo. Pero estas empresas no deben fiarse a los extranjeros, porque los caminos no serían en tal caso sólidamente construidos, y costarían cuatro veces, más de lo que deben valer. Como los caminos no pueden hacerse en un día, tampoco es preciso reunir a un tiempo todo el dinero que debe gastarse, y basta que el Estado designe una suma anual. La economía del gasto debe ser objeto de grande consideración. Los soldados, los reos condenados a obras públicas deben emplearse en estos trabajos para procurar de este modo grandes ahorros. La Austria lo practica actualmente. ¿Por qué pues, no lo haremos nosotros?[169]

Aquí el argumento de Valle se vuelve un poco enrevesado, ya no sólo se trata del peligro que implicaría entregar la construcción del canal a empresas extranjeras, sino que ahora pone en el tapete la idea de corrupción o mala praxis a la hora de construir la obra pública. Quizás en su afán por desalentar la construcción del canal en aquel preciso momento, suma argumentos que no aportan a la causa, aunque tal actitud se puede llegar a comprender en el contexto de un discurso político brindado en la Cámara de Diputados. De no ser así, podríamos preguntarnos por qué un camino sería mejor construido por "reos condenados" o soldados que los caminos hechos por una empresa extranjera. ¿Sólo las empresas extranjeras ponen sobre precios a sus obras o también lo hacen

---

[169] Ibíd., p. 138

los estados cuando se encargan de las mismas? En este punto, estimo que a lo largo de la historia encontraremos datos que confirman la respuesta por la afirmativa para cualquiera de los dos casos.

Pero Valle, en su afán de desalentar la construcción del canal sigue su argumentación en el sentido contrario al que acabamos de presentar en la última parte del párrafo precedente al decir: "Es empresa más difícil la de levantar ciudades y formar pueblos que la de abrir un canal; y las ciudades de la República: la Nueva Guatemala donde vivimos fueron levantadas por la nación. Es empresa más difícil la de crear una república donde solo había colonias; y esta obra grandiosa se está haciendo por la nación."[170] Claramente, son cosas muy distintas las que plantea Valle en este párrafo. Construir una ciudad o un pueblo es una cosa, construir una nación otra totalmente distinta y construir un canal es algo que pertenece exclusivamente al campo de la ingeniería. Sin lugar a duda, su intención era la de enfatizar su postura y para ello usaba el artilugio de presentar como similares cosas que por su naturaleza y características no lo eran.

Por otro lado, uno tendría que preguntarse, de no ser una empresa extranjera, quién o quiénes serían los ingenieros y obreros con el conocimiento suficiente para poner en marcha semejante obra; así como también de dónde saldrían los fondos para ella. Este último punto Valle lo responde de la siguiente manera:

Si faltan fondos para comenzarlos, es muy fácil proporcionarlos. No ha mucho que se ajustó el empréstito con la casa Barclay; y en la contrata se obligó el Gobierno Federal a no celebrar otro préstamo en Europa en el término de dos años contados desde la fecha del Pacto. Ha corrido ya el primer año y en breve correrá el segundo. Tomando medio millón de pesos de ese empréstito, con él puede comenzarse la obra del canal mientras corren los dos años de la contrata; y ocurrido el bienio puede ajustarse otro

---

[170] Ibíd., p. 139

préstamo en Europa si no se quiere contratarlo antes en América, donde no lo prohíbe la contrata.[171]

Con respecto al personal necesario para la construcción Valle dice: "Si no hay ingenieros: si no tenemos artistas: si faltan instrumentos y máquinas, es también trabajo muy fácil y sencillo el de traer todo esto de Norte América, de Inglaterra o de otra nación"; e insiste que para los trabajos hay que emplear a los soldados y los reos condenados. En cuanto a quiénes podrían conseguir y traer la gente del exterior propone dos alternativas: la primera es que sean enviados del país al extranjero para reclutarlos. "Yo podría designar un hombre activo, desinteresado y patriota que volaría a traer lo que necesitamos". La segunda opción que proponía Valle al Congreso era la de contratar a una agencia extranjera, siempre y cuando ésta "ofreciere evacuar aquellos encargos con condiciones más ventajosas que los hijos de la República".[172] Esta última propuesta, fue rechazada por el Congreso y así lo consigna el propio Valle en su discurso. Fiel a su estilo, aprovechó el rechazo para utilizarlo en favor de su argumento contra las empresas extranjeras en el tema del canal.

El argumento que viene sosteniendo Valle es que por la magnitud y la importancia económica y estratégica del canal, el mismo debería ser construido directamente por la nación. Dicho esto, Valle sostiene que dadas las circunstancias del momento no es aconsejable iniciar la obra hasta que Centroamérica esté organizada política y económicamente; pero si aun así, el gobierno decidiera lanzarse a su construcción esta debería ser realizada por el estado nacional. Así las cosas, la disyuntiva que se presenta es de dónde saldrá el dinero y las personas que construirán el canal. Valle aporta un par de opciones para ello, las cuales parecen muy improbables de ocurrir en el corto plazo, y entre estas opciones sugiere una que a simple vista resulta contraria a todo lo que viene sosteniendo en su discurso y es la de ofrecerle el encargo de con-

---

[171] Ibíd., p. 139
[172] Ibíd., p. 139

tratar ingenieros y materiales en el exterior por intermedio de una empresa extranjera si la misma ofrecía mejores condiciones que si lo hicieran los hijos de la patria. La contradicción salta a la vista, ya que Valle viene argumentando contra los intereses particulares y el peligro que representaría tener empresas extranjeras involucradas de alguna manera en la obra. Seguramente lo mismo le habrá parecido al Congreso que rechazó de plano dicha opción.

Aquí es donde Valle, no sabemos si fue consciente de la incoherencia de su última propuesta o si realizó la misma deliberadamente para lanzar una reafirmación de su argumento original, utiliza el rechazo del Congreso y vuelve a dar énfasis a su postura primigenia de no recomendar la contratación de empresas extranjeras. Dice Valle, "de su reprobación infiero consecuencias que hacen más evidente lo que me he propuesto demostrar. Si en asuntos menos graves, los hijos de la nación deben ser preferidos, en un negocio de tanta delicadeza y trascendencia ¿no deberán serlo con más razón? Si en comisiones pequeñas no deben ser antepuestas las casas extranjeras de probidad, fondos y respetabilidad, ¿en una obra tan grande podrán tener derecho de preferencia?"[173] Y agrega para reforzar su argumento: "Una compañía extranjera no hace proposiciones por servir a la República. Las hace para avanzar en sus intereses. Y esos intereses que han de refluir en beneficio de compañías extranjeras, ¿no sería más importante que refluyesen en beneficio de la nación, o de una compañía compuesta de hijos de la misma nación?"[174]

El temor de Valle vuelve a expresarse en su discurso cuando dice que "una compañía que ha de gastar millones en la aperción del canal es una compañía de muchas relaciones, de muchas influencias, de mucha riqueza y poder. Cualquier diferencia o disputa sobre el espíritu o inteligencia de cualquier artículo de la contrata nos haría entrar en lucha con una compañía que por sus relaciones podría hacer que tomase parte de su gobierno."[175] Evidentemente, este temor está fundado en la inestabilidad política

---

[173] Ibíd., p. 139
[174] Ibíd., p. 140
[175] Ibíd., p. 140

de la región, sumado a la amenaza latente de las potencias extranjeras especialmente de la posible reconquista por parte de España de sus territorios independizados. Es aquí donde podemos encontrar una conexión del tema del canal y la propuesta del Congreso Continental que analizamos en el capítulo anterior. Valle proponía la conformación de dicho congreso en vistas a lograr una alianza defensiva tanto en lo interno como en lo externo así como también encontrar un elemento institucional que favoreciera el desarrollo económico y comercial entre las naciones hispanoamericanas, para lo cual el canal sería de vital importancia.

Se desprende de la ponencia de Valle en el Congreso, que el hondureño no quiere por ningún motivo que el canal se comience a construir en ese momento. Conocedor de que la nación no lo podría hacer por sus propios medios, la única manera de comenzar la empresa en la década de 1820 sería a través de la participación directa de compañías extranjeras, razón por la cual busca argumentar por todos los medios, aún a riesgo de caer en incoherencias, en contra de la presencia de dichas compañías en esta obra. Inclusive, un hombre tan inteligente como él llegó a afirmar:

> Pero supóngase que una compañía extranjera concluyese el canal en más breve tiempo y con menores gastos. Aun en este caso opino que la empresa debe ejecutarse de cuenta de la nación. La dilación y el aumento de gastos son males menores que los que pudiéramos sufrir haciéndose la obra de cuenta de compañías extranjeras.[176]

Como se aprecia, esta afirmación es totalmente contradictoria con el argumento que dio en páginas precedentes en contra de las empresas extranjeras que no construirían las obras sólidamente o las harían a un costo cuatro veces superior. En realidad, en pos de frenar la construcción o el intento de construcción, Valle incurre en incoherencias que no son propias de él.

---

[176] Ibíd., p. 140

De hecho, podemos sospechar que era consciente de este inconveniente en su discurso, porque antes de finalizar el mismo hará una defensa de las compañías extranjeras al decir: "Yo no soy enemigo de las compañías extranjeras. He deseado: he procurado que las haya sobre algunos ramos de la industria: sigo constante en mis deseos, y creo que al fin tendré la satisfacción pura de haberlos llenados. Mis raciocinios se fijan en la compañía extranjera del canal de Nicaragua porque en ella veo caracteres que no puede haber en otras."[177]

Su discurso va a culminar siendo más concluyente en cuanto a la construcción del canal por parte de una empresa extranjera. Por un lado insiste con el peligro que podría acarrear una posible revolución en Nicaragua. Si fuera ese el caso, dice Valle, "diría la compañía que se le debía permitir llevar tropa extranjera para continuar sus trabajos porque nuestro Gobierno no podría en su concepto enviarle toda la tropa que creería necesaria. Si corrieran voces, verdaderas o fingidas, de un rompimiento próximo de guerra, diría también que era preciso permitirse tropas extranjeras para defender el Estado de Nicaragua porque las nacionales le parecerían insuficientes."[178] Aquí queda claro cuál es el principal temor de Valle en cuanto a la presencia extranjera en la zona del canal.

Pero a continuación introduce un nuevo elemento por el que Valle manifiesta abiertamente su oposición a que la obra sea llevada a cabo por la Casa Palmer. Llama la atención que recién al final de su presentación mencione con nombre propio a la empresa que se estaba considerando contratar para construir la obra. Valle critica el contrato que el Congreso pretendía ofrecer a la misma. Entre sus argumentos dice que el acuerdo "propone que se le vaya reintegrando [a la Casa Palmer] con los dos tercios del producto de los derechos que se decreten sobre los buques que atraviesen el canal: propone que se le pague un interés o rédito de 10 por ciento de todos los fondos que se gasten en el canal: pro-

---

[177] Ibíd., p. 141
[178] Ibíd., p. 140

pone que después de reintegrado todo el capital y réditos se le ceda por el espacio de 7 años la mitad del producto de los derechos indicados: propone que por el tiempo de 20 años se le conceda el privilegio exclusivo de hacer ella sola la navegación en barcos a vapor: propone que se le prefiera en las comisiones de compra de armamentos y oros artículos que cree necesarios para la *defensa del canal*: propone que si no pudiera abrirse el canal, la República se manifieste generosa con ella para indemnizarla de los gastos que hubiere hecho."[179] Valle concluye su presentación del 27 de abril de 1826, diciendo que semejante contrato era totalmente nocivo para los intereses de la nación y que por tal motivo se oponía al mismo.

Podemos apreciar que a lo largo de este discurso, si bien Valle reconoce todos los beneficios que se podrían derivar de la construcción del Canal de Nicaragua para la región de Centroamérica y la expansión del comercio internacional, también expuso claramente todas las dificultades que se podrían presentar a lo largo de todo el proceso de construcción y aún después de concretarse el mismo. Se detalla en su presentación todos los estudios que se debían hacer antes de determinar por dónde debía pasar su trazado, pero estos obstáculos parecen de menor importancia en su análisis cuando se los compara con los argumentos que expone en contra de la contratación de empresas extrajeras para su construcción. No hay dudas que el temor mayor pasaba por el peligro que podría correr la región si al concretarse el canal éste quedara en manos foráneas que podrían tener un comportamiento peligroso para los intereses del país a la hora de defender los intereses de los inversores de la compañía constructora.

En la sesión del Congreso del día 2 de mayo, Valle vuelve sobre el tema del Canal de Nicaragua, esta vez enfocándose en el costado económico del asunto. Ese día se iba a tratar el artículo 12 de las bases del acuerdo que se propiciaba con la Casa Palmer. En esta ocasión Valle se dispuso a analizar el mismo en detalle. El artículo 12 establecía lo siguiente según lo consigna Valle: "1º.

---

[179] Ibíd., p. 141

Que al empresario se darán dos tercios del producto líquido de los derechos que se decreten sobre los barcos que transiten por el canal: 2º. Que se le pagarán aquellos dos tercios todo el tiempo que sea necesario para reintegrarle del capital y réditos: 3º. Que los réditos que se le deben satisfacer serán a razón de 10 por ciento."[180]

Valle, al contrario de lo que consideran sus colegas, estima que el acuerdo en estas condiciones no es para nada beneficioso para el país. Su fundamento se basaba en que para establecer un acuerdo de esta naturaleza primero había que tener todas las estimaciones de factibilidad y costos de ejecución de la obra. Sin ello, era imposible saber qué era apropiado fijar como monto de retribución en un contrato de semejante magnitud. "Sin números no debe decretarse obra alguna de ninguna clase. Es preciso sumar y restar antes de emprender. No hay nación en las naciones cultas del mundo un solo gobierno que contrate o emprenda la ejecución de una obra pública sin formar antes presupuestos aproximados de gastos y cómputos de utilidades." Y se pregunta, cómo puede ser que lo que hace un particular en una obra pequeña, es decir de calcular costos y gastos antes de decidir la ejecución de la misma, no lo haga la República antes de emprender una obra de tal magnitud.[181]

Ante la ausencia de estos números es imposible saber cuál ha sido el gasto en que incurrió el constructor, lo cual nos llevaría a no poder calcular con precisión cuál es el 10% que hay que reintegrarle, así como tampoco podríamos saber cuáles son los dos tercios que deberían llevarse por su inversión. Así las cosas, podríamos estar ante el hecho de que la empresa constructora se quedara en el canal por siglos, argumenta Valle; y agrega: "Tampoco se sabe el costo total que pueden tener el canal y fortificaciones. Algunos creen que subirá a 20 millones: otros gradúan que será de 15; y otros lo baja a 14. Yo no puedo formar cálculos exactos ni aproximados porque no habiéndose hecho reconoci-

---

[180] José del Valle, "Sesión del Congreso del 2 de mayo", p. 142
[181] Ibíd., p. 142

mientos, ni trabajado presupuestos me faltan bases para hacerlos." Además, hay que considerar que también pueden llegar a abrirse otros canales en América, según lo han manifestado Humboldt, Condamine y otros viajeros, de ser así cuánta será la potencial renta del Canal de Nicaragua. ¿Será tan grande el retorno sobre la inversión que se puede obtener? ¿Se podrá generar el excedente para cubrir los costos de la empresa constructora?; se pregunta Valle.[182]

Con este panorama de incertidumbre, Valle dice: "La República no recibirá el tercio que se designa del producto líquido: la deuda nacional se aumentará cada año en un millón si no se pagaren réditos de réditos, y en más de un millón si se acumularen al capital los réditos que no se pagaren: al cabo de cien años la deuda de la República será de más de cien millones: no podrá amortizarse; y la compañía extranjera que haya abierto el canal será eterna en el Estado de Nicaragua, y formalizará acaso pretensiones que alarmarán a quien se detenga a meditarlas."[183] Aún presentando los cálculos más optimistas en cuanto a la recaudación de alcabala (derecho de aduana), dice Valle, el contrato "será más o menos ruinoso, más o menos útil, según fuere el costo del canal, el rédito que se gradúe, y las demás condiciones que se estipulen".[184] Las condiciones del tratado tal como las presenta la Comisión del Congreso son ruinosas para el Estado de Nicaragua. "He aquí condiciones que van a poner en una asociación extraña las llaves principales de nuestro comercio. He aquí condiciones que van a producir disputas, diferencias y pleitos", dice Valle ante el temor que representaba que una compañía extranjera tuviera carta abierta en el control del canal por un tiempo indeterminado.[185] Por todo lo expuesto, Valle concluye, en su presentación del día 2 de mayo, diciendo que no va a aprobar el artículo 12 que se debatió ese día.

---

[182] Ibíd., pp. 142-143

[183] Ibíd., p. 143

[184] Ibíd., p. 144

[185] Ibíd., p. 143

Diez días después, Valle volvería a hablar sobre el tema del canal en la sesión del Congreso del 12 de mayo de 1826. En esta ocasión habla sobre la empresa a la que se le está ofreciendo el contrato de construcción. Valle hace hincapié en las dos personas que fueron receptoras, a propuesta del Congreso, de la oferta para construir el canal. Se trata de Aron Palmer, propietario de la Casa Palmer, y de su apoderado Carlos Beneski. Valle sostiene que antes de hacer este ofrecimiento en concreto, como lo hizo el Congreso en la sesión del 24 de abril de ese año, "era preciso saber si Palmer tiene el crédito y circunstancias necesarias para una contrata de tamaña magnitud: era preciso examinar si Beneski tiene poderes de Palmer y si son bastantes esos poderes."[186] Aclara, que en la sesión que se aprobó el contrato con la Casa Palmer él no estuvo presente, razón por la cual solicita que se presenten los documentos de la misma, así como también se examinen los documentos relativos al crédito de Palmer, para ver si el mismo es suficiente para llevar adelante la obra.

El pedido de Valle no fue tenido en cuenta por el Congreso, ya que según los diputados que aprobaron el acuerdo, si accediera a considerar su petición igualmente no habría cambios sustanciales con respecto a la contratación de la Casa Palmer. Ante este rechazo, Valle propone que sea el Poder Ejecutivo el que tome la decisión de contratar a la Casa Palmer y que una vez sucedido esto, pase al Congreso para que éste ratifique o rectifique tal contrata. En ese caso, sugiere que sea el Poder Ejecutivo el que "remita con su informe los poderes y documentos que haya tenido presentes para calificar la personería de Beneski y crédito de Palmer; y que remitidos se pongan en la Secretaría a mi disposición para pedir lo que corresponda".[187]

Indudablemente, Valle percibía inconsistencias en las credenciales presentadas por la Casa Palmer y su apoderado. Volvería a insistir con esta cuestión por última vez en la sesión del 18 de mayo de 1826. Buscaba asegurar las credenciales de Palmer para

---

[186] José del Valle, "Sesión del Congreso del 12 de mayo", p. 146
[187] Ibíd., p. 148

que el contrato del Canal de Nicaragua no terminara en un fiasco.[188] Como ya hemos señalado, durante la segunda mitad del año 1826 estalló la guerra civil en Centroamérica y ello también repercutió en el Congreso de los Diputados que debió suspender sus sesiones hasta comienzos de 1829.

Así las cosas el proyecto del Canal de Nicaragua fue abandonado y sería retomado en la década de 1840 cuando los Estados que componían la Confederación Centroamericana se habían independizado y se convirtieron en cinco naciones soberanas. Los temores que había manifestado José del Valle a mediados de la década de 1820, ahora se mostraban más abiertamente. Las riquezas naturales de la región más su estratégica posición geográfica profundizaron el interés de Gran Bretaña y Estados Unidos en el territorio centroamericano. En la década de 1830, los británicos ya se encontraban instalados en las islas frente a Honduras con las miras en construir un canal interoceánico, posiblemente por Tehuantepec o Nicaragua. En la década siguiente, fueron los Estados Unidos los que mostraron un creciente interés "en Centroamérica, ante la necesidad de una comunicación de su costa atlántica con el Pacífico, para favorecer sus planes de anexión de Óregon y California. En 1846 firmaron el tratado Bidlack con Colombia que les daba libre paso a través del istmo de Panamá. Esto hizo que los británicos buscaran asegurarse una vía alternativa y ocuparan, en nombre de los indios Mosquitos, el puerto de San Juan del Norte en 1848...". Finalmente, ambas potencias firmarían en 1850 el tratado Clayton-Bulwer que las comprometía a colaborar en la construcción de un canal sin que ninguna ejerciera dominio sobre el territorio.[189]

A partir de ese momento, los intereses de las potencias europeas y Estados Unidos por la construcción del canal irían en aumento así como las disputas sobre dónde se construiría el mismo, quién lo construiría y qué tipo de control político y económico se

---

[188] José del Valle, "Sesión del Congreso del 18 de mayo", pp. 148-149

[189] Josefina Zoraida Vázquez, "Una difícil inserción en el concierto de las naciones", en Antonio Annino-Françcois-Xavier Guerra (coord.) *Inventando la nación. Iberoamérica. Siglo XIX*, Fondo de Cultura Económica, México, DF, 2003, pp. 278-279

ejercería sobre el canal. Desde 1850 en adelante, se firmaron diversos tratados hasta que finalmente se definiera la construcción del canal en el Istmo de Panamá por el Tratado Hay-Bunau Varilla de noviembre de 1903; siendo inaugurado en agosto de 1914.[190]

Al momento de terminar este libro, se publica en el periódico Wall Street Journal del día 1 de julio de 2013, un artículo de José de Córdoba titulado "Nicaragua Revives Its Canal Dream". En el mismo se consigna que "los legisladores de Nicaragua le han dado al país azotado por la pobreza otra posibilidad de hacer realidad un sueño que se les ha escapado durante casi 200 años, al otorgarle a una empresa de Hong Kong los derechos para construir un canal interoceánico de US$ 40.000 millones". La concesión tendrá una vigencia de 50 años para la explotación de un canal cuya extensión será de hasta 286 kilómetros de largo, dependiendo de la ruta que se elija. La compañía encargada de la construcción es HK Nicaragua Canal Development Investment Co. propiedad del magnate chino de 40 años Wang Jing. De todos modos, la noticia no es apoyada de forma unánime ya que existen muchos reparos en cuanto a la viabilidad de la construcción y la confiabilidad en el inversor chino.[191] Parecería que los mismos reparos que puso Valle en su época vuelven a estar presentes por parte de algunos políticos de la oposición al gobierno de Nicaragua.

---

[190] Para un análisis de tallado del proceso de debates, tratados y construcción del Canal de Panamá ver: David McCullough, The Path Between The Seas. The Creation of the Panama Canal 1870-1914, Simon&Schuster Paperbacks, New York, 1977

[191] José de Córdoba, "Nicaragua Revives Its Canal Dream", 1 de julio de 2013. En Wall Street Journal:
http://online.wsj.com/article/SB10001424127887323734304578543432234604100.html?KEYWORDS=nicaragua

Consideraciones finales

Rescatar la figura de José del Valle es una tarea que debería seguir desarrollándose en las décadas por venir. Humildemente ofrecemos este ensayo no como punto de llegada sino como punto de partida a futuras investigaciones sobre el tema. Es mucho lo que se ha avanzado en la historiografía hispanoamericana en la últimas tres décadas, pero curiosamente pocos de estos trabajos analizan en detalle la figura de Valle ni los acontecimientos que han tenido lugar en Centroamérica en la primera mitad del siglo XIX.

A lo largo de estas páginas hemos abordado el tema del Congreso Continental y el Canal Interoceánico. Ambos temas han sido objeto de una amplísima bibliografía y estudios históricos, pero curiosamente en ambos casos la mención de José del Valle es excepcional y fragmentada. Por lo general, se resalta la figura de Simón Bolívar y su Congreso de Panamá, y en lo referente al canal por lo general sólo se analiza el tema desde mediados del siglo XIX sin tenerse en cuenta los debates en torno al mismo en la década de 1820. De todos modos, hemos podido apreciar que estos temas ocuparon un lugar destacado en el pensamiento y el análisis de Valle. Como sostiene Ricaurte Soler: "Independientemente de la conciencia americanista extendida a lo largo del continente, no podría caber duda de que las publicaciones de Valle ejercieron influencia directa sobre las notables expresiones de solidaridad hispanoamericana que evidencian distintos documentos e iniciativas centroamericanas. Entre ellos importa destacar la convocatoria a una asamblea general de "ambas Américas" (Nueva España y Sudamérica) hecha por el Congreso Federal de Centroamérica el 13 de noviembre de 1823. El proyecto de esa convocatoria es importante por haberse efectuado con más de un año de anticipación a la circular de Bolívar invitando al Congreso de Panamá, y por reiterar en sus considerandos el objetivo de la *comunidad económica*."[192]

Algo similar ha ocurrido con el tratamiento que se ha dado al tema de la construcción del canal. Si bien Valle no ha escrito tanto sobre esta cuestión como sí lo hizo sobre el congreso continental, no es poco lo que ha dicho sobre la cuestión. Como señalamos en el capítulo 4, las inquietudes y temores que presenta Valle en el Congreso centroamericano a la hora del debate sobre la construcción del Canal de Nicaragua reflejan los mismos temores y disputas que casi ochenta años después se presentarían en los debates y el lobby que se hicieron para decidir si el canal se debería construir en Nicaragua o en Panamá y quiénes deberían administrar dicha empresa. Como en tantas otras oportunidades, la visión de Valle resultó adelantada a los tiempos que corrían. Su visión precavida resultaba para muchos de sus contemporáneos un síntoma de pesimismo que no era tal, sino el producto de un análisis meditado y profundo de la realidad política, económica y social en la que se encontraba Centroamérica en los primeros años de la época independiente.

José del Valle fue un hombre de leyes, fue un estudioso y difusor de las nuevas ideas de la corriente ilustrada que despuntaban en América a comienzos del siglo XIX, para algunos fue un sabio, también fue un político destacado del movimiento independentista, pero sobre todo fue un hombre comprometido con su "patria chica". Todo lo que escribió y proyectó tenía como único objetivo el progreso de Centroamérica. Lamentablemente, le toco vivir una época convulsionada, inestable y comprometida desde el punto de vista económico, todo lo cual conspiró contra sus proyectos transformadores. Desgraciadamente, su figura quedó eclipsada por la de otros patriotas que tuvieron mayor difusión

---

[192] Ricaurte Soler, *Idea y Cuestión Nacional Latinoamericanas de la independencia a la emergencia del imperialismo*, Siglo Veintiuno, México, 1987, p. 52

histórica e influencia política en su momento. Quizás el propio Valle contribuyó a este destino al negarse a viajar, en distintas oportunidades, a Europa y Estados Unidos. Esto le privó de participar en redes políticas e intelectuales que le hubieran dado mayor visibilidad en su época y en las obras de los estudiosos de la independencia hispanoamericana. Además, tampoco formó discípulos en su propio ámbito. Valle era una persona que, como él mismo había señalado, amaba trabajar en la soledad de su estudio. Todo esto contribuyó de alguna manera para que su figura no llegara a ser tan difundida como la valía de sus aportes ideológicos y sus proyectos políticos lo ameritaban. De todos modos, ello no implica que éstos no fueran importantes ni que carecieran de influencia en la época en que le tocó actuar. Es por esto que consideramos una tarea por hacer la de volver a poner en discusión su obra intelectual y política para darle la verdadera relevancia que el personaje en cuestión tuvo en las tres primeras décadas del siglo XIX en Centroamérica.

Bibliografía

-Altamirano, Carlos (director), *Historia de los intelectuales en América Latina*, Volumen I. Jorge Myers (editor del volumen) *La ciudad letrada, de la conquista al modernismo*, Katz Editores, Buenos Aires, 2008.

-Annino, Antonio y Guerra, Françcois-Xavier (coord.), *Inventando la nación. Iberoamérica. Siglo XIX*, Fondo de Cultura Económica, México, DF, 2003.

-Benítez Porta, Oscar, *Guatemala independiente del gobierno español*, Editorial José Pineda Ibarra, Guatemala, 1973.

-Bennett, Ira, *History of the Panama Canal. Its Construction and Builders*, Historical Publishing Company, Washington D.C., 1915.

-Benson, Nattie Lee y Berry, Charles R., "The Central American Delegation to the First Constituent Congress of Mexico, 1822-1823", en *The Hispanic American Historical Review*, Vol. 49, Nº 4 (Nov., 1969).

-Bumgartner, Louis, L. Bumgartner, *José del Valle de América Central*, Editorial Universitaria, Tegucigalpa, 1997.

-"José Cecilio del Valle's Dream of Latin American Federation", en *Journal of Inter-American Studies*. Vol. 5, Nº 1 (Jan. 1963) pp. 105-106.

-Casaús Arzú, Marta y García Giráldez, Teresa, *Las Redes Intelectuales Centroamericanas: un siglo de imaginarios (1820-1920)*, F&G Editores, Guatemala, 2005.

-Colquhoun, Archibald Ross, *The Key of the Pacific. The Nicaragua Canal*, Archibald Constable and Company, Westminster, 1895.

-Córdoba, José de, "Nicaragua Revives Its Canal Dream", 1 de julio de 2013, Wall Street Journal.

-Dallas Parker, Fraklin, *Travels in Central America 1821-1840*, University of Florida Press, Gainsville, Florida, 1970.

-García Giráldez, Teresa "El debate sobre la nación y sus formas en el pensamiento político centroamericano del siglo XIX", en Marta Casaús Arzú y Teresa García Giráldez, *Las Redes Intelectuales Centroamericanas.*

-Gómez, Alejandro, *José del Valle. El Político de la Independencia Centroamericana,* Universidad Francisco Marroquín, Ciudad de Guatemala, 2011.

-"José del Valle: un *benthamita* en Centroamérica", en *Anales de la Academia de Geografía e Historia de Guatemala,* Tomo LXXXIII, 2008, pp. 83-116.

-*José del Valle. Un ilustrado centroamericano,* Instituto Democracia y Mercado-UFM, Santiago de Chile, 2010.

-Guerra, François-Xavier, "El ocaso de la monarquía hispánica: revolución y desintegración", en Antonio Annino y Françcois-Xavier Guerra (coord.), *Inventando la nación.*

-"Las mutaciones de la identidad en la América hispánica", en Antonio Annino-Françcois-Xavier Guerra (coord.) *Inventando la nación.*

-Halperín Donghi, Tulio. *Historia Contemporánea de América Latina,* Alianza Editorial, México, 1983.

-*Historia del Desenvolvimiento Intelectual en Guatemala,* Tomo III (época colonial) Vol. 13, Editorial del Ministerio de Educación Pública, Guatemala, 1951.

-Lanning, John Tate, *The Eighteenth-Century Enlightenment in the University of San Carlos de Guatemala,* Ithaca, Nueva York, 1956.

- *The University in the Kingdom of Guatemala,* Ithaca, Nueva York, 1955.

-Lempérière, Annick, "Los hombres de letras hispanoamericanos y el proceso de secularización (1800-1850)", en Carlos Altamirano (director) *Historia de los intelectuales en América Latina.*

-Leyton Rodríguez, Rubén, *Valle, Padre del Panamericanismo,* Editorial Iberia, Tegucigalpa, 1955.

- Lynch, John, *Las Revoluciones Hispanoamericanas 1808-1826,* Editorial Ariel, Barcelona, 2001.

-McCullough, David, *The Path Between The Seas. The Creation of the Panama Canal 1870-1914,* Simon&Schuster Paperbacks, New

York, 1977.

-Meléndez Chaverri, Carlos, *José Cecilio del Valle: Sabio Centroamericano*, Ed. Libro Libre, San José, 1985.

-Myers, Jorge, "El letrado patriota: los hombres de letras hispanoamericanos en la encrucijada del colapso del imperio español en América", en Carlos Altamirano (director) *Historia de los intelectuales en América Latina*.

-"Introducción al volumen I. Los intelectuales latinoamericanos desde la colonia hasta el inicio del siglo XX", en Carlos Altamirano (director) *Historia de los intelectuales en América Latina*.

-Monteagudo, Bernardo de, *Ensayo sobre la necesidad de una federación general entre los estados hispanoamericanos*, UNAM, México, DF, 1979.

-Pérez Brignoli, Héctor (Ed.), *Historia General de Centroamérica. De la Ilustración al Liberalismo (1750-1870)*, T. III, Sociedad Estatal Quinto Centenario, Madrid, 1993.

-Quijada, Mónica, "¿Qué nación? Dinámicas y dicotomías de la nación en el imaginario Hispanoamericano", en Antonio Annino-Françcois-Xavier Guerra (coord.) *Inventando la nación*.

-Reyes M., José Luis, *Apuntes para una Monografía de la Sociedad de Amigos del País*, Centro Editorial de "José de Pineda Ibarra", Ministerio de Educación Pública, Guatemala, 1964.

-Rodríguez, Mario, *El Experimento de Cádiz, 1808-1826*, FCE, México, 1984.

-Rojas, Rafael, "Traductores de la libertad: el americanismo de los primeros republicanos", en Carlos Altamirano (director) *Historia de los intelectuales en América Latina*.

-Rosa, Ramón, *Biografía de don José Cecilio del Valle*, en José del Valle y Jorge del Valle Matheu (compiladores), *Obras de José Cecilio del Valle*, Tomo I, Tipografía de Sánchez y De Guise, Guatemala, 1929.

-Soler, Ricaurte, *Idea y Cuestión Nacional Latinoamericanas de la independencia a la emergencia del imperialismo*, Siglo Veintiuno, México, 1987.

-Solórzano Fonseca, J.C., "Los años finales de la dominación española (1750-1821)" en Héctor Pérez Brignoli (Ed.), *Historia General de Centroamérica*.

-Soto Hall, Máximo, "Dos grandes apóstoles del panamericanismo: Bernardo Monteagudo y José Cecilio del Valle", en Anales *de la Sociedad de Geografía e Historia de Guatemala*, T. III (1826-1827), Guatemala, 1926.

-Thompson, George Alexander, "Narrative of An Official Visit to Guatemala from Mexico", en Fraklin Dallas Parker, *Travels in Central America 1821-1840*.

-Valladares Rodríguez, J. (Ed), *El Pensamiento económico de José Cecilio del Valle*, Publicaciones del Banco Central de Honduras, Segunda Edición, Tegucigalpa, 1969.

-Valle, José del y Valle Matheu, Jorge del (compiladores), *Obras de José Cecilio del Valle*, Tomo I, Tipografía de Sánchez y De Guise, Guatemala, 1929.

-Valle, José Cecilio, *Cartas familiares de José Cecilio del Valle*. Prólogo y notas de Juan Valladares, Presidencia de Honduras, Tegucigalpa, 1972.

-*Cartas de José Cecilio del Valle*, Universidad Nacional Autónoma de Honduras, Tegucigalpa, 1963.

- *Escritos del Licenciado José Cecilio del Valle*, Editorial de "José de Pineda Ibarra", Guatemala, 1969.

-*José Cecilio del Valle. Obra Escogida*, Biblioteca Ayacucho, Caracas, 1982.

-Vázquez, Josefina Zoraida, "Una difícil inserción en el concierto de las naciones", en Antonio Annino-Françcois-Xavier Guerra (coord.) *Inventando la nación*.

-Williford, Miriam, "Utilitarian Design for the New World Bentham's Plan for a Nicaraguan Canal", en *The Americas*, Vol. 27 Nº 1 (Jul, 1970)